달무리와 그림자

달목리와 그림자

특수교사로 보낸 35년과 세 번의 시작

최경숙 수필집

문예연구

| 책머리에 |

지나간 시간을 들여다본 일

두 번째 대상포진이 머리로 와서 오랜 시간 후유증에 시달렸다. 건강하게 교단에 서기 어렵다는 생각이 들어 특수교사로 35년을 근무했던 학교와 작별하고 2022년에 명예퇴직했다. 원하지 않은 때에 생각지도 못한 이유로 퇴직했다는 생각을 떨칠 수 없었고, 연극에서 마무리를 못 하고 막이 내려진 느낌이었다.

오랜 시간 학교라는 울타리 안에서만 살다가 갑자기 소속감이 없는 일상을 맞이 하자 공허가 찾아왔고 출구가 없는 미로에 갇힌 것 같았다.

공허를 무엇으로 채울 것인지 많이 고민했다. 맡은 역할에 충실하기 위해 늘 항아리에 물이 부족할까 봐 조바심을 내면서 채우는 일만 하고 살았는데, 그동안 채운 물을 비워버리고 새로운 무언가를 담아내는 것이 필요함을 절실하게 느꼈다. 인생의 반환점을 돌면서 비우고 내려놓은 공간에 새롭게 담아내려는 시도로 글쓰기를 선택했다.

그때 천세진 작가님을 만났는데, 이런 글을 건네셨다.

"글 쓰는 이는 우산을 쓴 사람이다. 그가 쓴 우산 위로 쉬지 않고 말의 질료가 떨어진다. 우산 위로 떨어진 질료는 곧바로 사용할 수 없다. 떨어진 것을 그대로 모아놓는다고 바로 글이 되는 것이 아니다. 우산 위로 떨어질 때 어떤 소리가 들렸는지를 기억해야 한다. 우산 위에 떨어지는 빗방울 소리는 저마다 빈도와 세기가 다르다. 빗방울이 떨어질 때마다 '만남'이 일어나지는 않는다. 글 쓰는 이에게 말의 목소리, 사물의 목소리는 오래 말려둔 나무이고, 나무를 다 태우지 않고 만들어 낸 목탄이고, 빻고 찧는 정성을 기울여 준비한 염료다. 글 쓰는 이는 언어라는 숲으로 시간을 물들일 수 있다."

2023년 봄부터 글을 쓰면서 어느 시점이 되자 우산 위로 떨어진 말의 목소리, 사물의 목소리가 조금씩 들리기 시작했다. 지금까지 살아온 소중한 일상들이 하나둘 물 밖으로 떠오르는 모습이 보였다. 잔잔하고 소소한 반짝이는 순간들을 순순히 꺼내 볼 수 있었다.

위대한 것도 없었고 거창한 것도 없었으나 매일 매일 성실하게 열심히 살았다. 그런 중에 만난 작은 감동과 자잘한 이야기들이 내 인생을 지탱해 주는 힘이 되어 주었다.

  살아오면서 마음속에 박힌 작은 옹이와 생채기들로 힘들었던 나에게 글쓰기는 다른 세상과 만날 수 있게 해 준 또 다른 창이 되어 주었다. 다른 창을 통해 미처 살피지 못했던 삶을 객관적으로 들여다보면서 한 줄기 빛이 들었고 학교가 아닌 다른 풍경들이 보이기 시작했다.

  글쓰기는 갑자기 정전이 되어 어둠으로 가득찬 집안에서 빛을 찾는 여정이었다. 차가워진 마음이 다시 따뜻해졌다. 마음에 새살이 돋아났고 생의 구석구석에 닿는 모세혈관이 생겼다. 예전에 가졌던 긍정적인 마음과 따사로운 희망의 봄빛을 되찾았다. 다시금 세상을 따뜻한 눈으로 바라보고 자신과 타인, 사물의 감정을 이해하며 서로 교감하고 공감하니 마음이 충만해졌다. 모든 이의 삶을 더 소중하고 애틋하게 바라보게 되었다.

  글쓰기는 세상을 연결하는 가교 역할을 해 주었다. 세상을 바라보는 시야가 넓어지고 사고도 확장되었다. 덕분에 세상과 소통하고 자연, 사물과 관계를 맺으며 희열로 가득찬 삶을 살아가고 있다.

  글쓰기는 또 하나의 기도이고 명상이다. 수행자의 마음으로 글을 써 내려가는 과정에서 마음이 맑아지고 정화되는 느낌이다. 세상이 하나로 연결되어 서로가 용서하고 용서를 비는 마음이고 모두가 잘 되길 바라는 마음이다.

초등학교 저학년 때 둘째 오빠가 군대에 가서 자주 편지를 주고받았다. 편지 쓰는 형식을 배우기 전이었는데도 일상을 글로 써서 마음을 전할 수 있다는 자체가 참 뿌듯했다. 5학년 때는 백일장 대회에서 상을 받은 적도 있었다. 여고 시절 작문 시간에 글을 쓰면 선생님께서 읽어주며 칭찬해 주셨다. 가끔 교지에 글이 실리기도 했다. 문학소녀로 막연한 글쓰기에 대한 꿈을 가지고 있었다.

그 꿈을 위해 2023년 4월부터 글을 쓰기 시작했다. 때로는 눈이 아파 어쩔 수 없이 쉬기도 해야 했지만 게으름 피우지 않고 열심히 썼다. 쓰는 내내 거울을 들여다본다고 생각했다. 글쓰기는 거울을 들여다보는 일이 맞다. 글 속에 내면이 고스란히 드러나기 때문이다.

부끄러움을 무릅쓰고 특수교사로 산 35년과 그걸 예비한 달무리의 시간, 자리를 떠나 잔영을 품고 살아가는 그림자의 시간을 기록하는 것은 그것이 나의 시간이었고, 앞으로의 시간도 나의 것이기 때문이다.

이야기는 4개의 창으로 나누었다. 1부 〈특수교사로 만난 인연〉은 35년을 특수교사로 살아온 이야기다. 내 생에서 가장 큰 부분을 차지하는 이야기다. 장애 학생들과 함께 울고 웃으며 때로는 그들의 손과 발이 되어 주었고 때로는 그들을 공감해 주며 특수교사로 최선을 다하며 살았다. 곁에서 그 길을 묵묵히 같이 가 준 고마운 파트너가 있었다. 40년 넘게 가족처럼 지냈고 특수교사로 함께 힘을 모았던 친구들 이야기도 있다. 장애 학생들을 온 마음을 다해 사랑하며 손톱만큼의 성장에도 기뻐하고 좋아했던 특수교사로서의 내 모습을 떠올리며 글을 쓰는 내내 행복했다.

2부 〈어떤 사랑〉은 가족과 반려견 희망이 이야기다. 막내며느리를 아껴주셨던 아버님의 이야기를 쓰며 마음이 울컥했다. 아이들을 키우며 좌충우돌 부딪히며 시행착오도 겪으면서 부모가 아이들과 함께 성장했음을 고백했다. 엄마로서 아이들의 성장 과정에서 만난 가슴 벅찬 순간들을 모아 보았다. 아이들이 성장하여 곁을 떠난 후 또 다른 가족을 맞이하고 동물도 사람과 교감하며 가족이 될 수 있음을 깨닫게 해 준 따뜻한 이야기다.

3부는 〈믿음이 만든 인연〉이다. 1977년 중학교 1학년 때 성당에서 세례를 받고 지금까지 신앙의 여정을 걷고 있다. 신앙은 나를 지탱해 준 크나큰 선물이다. 일상의 삶 안에서 '주님은 나의 빛, 나의 길'임을 수없이 고백하며 살아가고 있다. 신앙 안에서 착한 목자로 길잡이가 되어주시는 신부님들과 언제나 겸손하고 청빈한 모습의 수녀님들이 계시기에 더욱 힘차게 신앙인으로 살아가고 있다. 신앙의 길에서 함께하고 있는 이웃들에게도 감사한 마음이다. 그런 마음을 적었다.

4부 〈수류산방과 세 번째 무대〉는 우리 부부가 은퇴 후의 삶을 준비하고 가슴 뛰는 인생 2막을 살아가는 이야기다. 부부의 편안한 쉼터가 되어주고 있는 수류산방을 만들어 가는 이야기와 은퇴 후에도 편안함에 안주하지 않고 다시금 새로운 일에 도전하며 활기차게 살아가고 있음에 우리 부부는 서로에게 감사한 마음이다. 수류산방에서 처음으로 딱새 가족을 손님으로 맞이했던 이야기와 그곳에 사는 동물들에게 낯선 침입자가 되지 않도록 다짐했던 이야기다.

초등학교 시절 시골집의 툇마루에 누워 하늘의 뭉게구름을 바라보며 불렀던 노래 〈파란 마음 하얀 마음〉이 떠오른다.

우리들 마음에 빛이 있다면 여름엔 여름엔 파랄 거예요. 산도 들도 나무도 파란 잎으로 파랗게 파랗게 덮인 속에서 파아란 하늘 보며 자라니까요.

글을 쓰는 동안 파란 마음 하얀 마음으로 돌아간 듯했다. 부족한 글이지만 읽는 분들에게도 작은 희망을 주고 따뜻한 마음이 전해졌으면 한다.

퇴직 후 글 쓰는 일에 도전하도록 꿈을 심어준 이금영 작가님과 마음 안에 씨앗으로만 간직해 온 이야기들이 세상 밖으로 나와 꽃으로 피어날 수 있도록 '마중물' 역할을 해 주신 천세진 작가님께 깊은 감사를 드린다. 언제나 곁에서 힘이 되어주고 용기를 북돋아 준 남편과 엄마의 인생 2막을 응원해 준 아이들에게도 고마움을 전한다.

| 차례 |

책머리에

1 chapter

특수교사로 만난 인연

다섯 송이 들국화	19
60명의 엄마	27
빛나는 기억을 함께 만든 아이	34
새 길을 만들었던 아이	41
세상에 돌을 던진 아이	48
봄 햇살 같은 아이	55
또 한 사람의 특수교사	64

2 chapter

어떤 사랑

살구가 익으면 떠오르는 사랑	73
엄마의 눈에 내가 있어요	80
까만 아빠는 싫어요	91
외계인이 되었던 아이	102
날개를 가진 아이	110
뜻밖의 위로	120
보리 사랑 희망이	130

3 chapter

믿음이 만든 인연

이상한 첫사랑과 끝사랑	141
소중한 유산	149
성당에서 맺어진 삼총사	157
아름다운 동행	165
인연의 대물림	174
귀한 인연	183
또 하나의 가족	191

4 chapter

수류산방과 세 번째 드라마

수류성당과의 인연	203
수류산방이 되기까지	212
수류산방의 집사	220
귀한 손님	229
낯선 침입자	238
즐기는 시간의 의미	244
세 번째 무대	252
발문	263

chapter 1

특수교사로 만난 인연

다섯 송이 들국화

    35년이라는 짧지 않은 시간을 특수교사라는 직분을 맡아 혼자서 긴 길을 갔다면 쉽지 않았을 것이다. 자신이 맡은 일과 다른 이가 맡은 일을 이해하는 일은 말처럼 쉽지 않다. 우리가 가까이 있는 이들과 자주 이해의 문제로 충돌하는 것은 그 때문이다.
    같은 자리에서 늘 함께 있지 않아도 그 일에 대한 이해를 깊이 나눌 수 있는 이들이 있다면 쉽지 않은 길이라도 포기하지 않고 갈 수 있다. 그런 행운이 내게는 있었다.

    사랑스럽고 어여쁜 40년 된 들국화 다섯 송이가 있다. 40년 전에 피었는데 아직도 지지 않고 있다. 세상에서 가장 오래 피는 들국화라고 이름 붙여도 된다. 꽃이 피기 시작한 것은 1983년 3월 공주사대 특수교육과에 입학했을 때였다.

공주에서 대학을 다니면서 공주 교동성당을 다녔다. 여고생 때 가깝게 지냈던 수녀님이 그곳에 계신 주ㅇㅇ 수녀님을 소개해 주셨다. 주 수녀님과 계속 만남을 이어가면서 수녀님께 여름방학에 보육원에서 봉사활동을 하고 싶다고 말씀드렸다. 수녀님께서 흔쾌히 수도원에서 운영하는 보육원에 연결해 주겠다고 하셨다. 혼자 가는 것보다는 몇 명이 같이 가는 것이 좋다며 같이 갈 친구들을 모집해 보라고 하셨다.

처음에는 열 명 정도의 여학생이 동참하겠다는 의사를 밝혔으나 막상 날짜가 다가오니 한 명씩 한 명씩 어렵다고 빠져나갔다. 결국은 다섯 명이 열흘 동안 인천에 있는 해성보육원으로 봉사활동을 가기로 했다. 주 수녀님께서 인천 해성보육원까지 함께 가 주셨다.

그곳에는 150명 정도의 아이들이 생활하고 있었다. 아직 걷지 못하는 아기부터 중, 고등학교에 다니는 청소년까지 연령층이 다양했다. 수녀님과 보육사 선생님 두 분이 또래 아이들 일곱 명씩을 한 가족처럼 돌보고 있었다.

우리가 주로 한 일은 큰 가마솥에 삶아 세탁을 마친 천 기저귀를 손수레에 실어 나르고, 빨랫줄에 널고 걷는 일이었다. 일은 해도 해도 끝이 없었지만, 여름 뙤약볕 밑에서 땀을 뻘뻘 흘리며 열심히 해냈다. 낮 동안 힘들게 일하고 나면 어찌나 피곤한지 눕기만 하면 잠이 들었다.

　가끔 어린 아기들과 놀아도 주고 목욕을 보조해 주기도 했다. 아기들은 사랑에 굶주려서 한 번 안아주면 떨어지질 않았다. 봉사활동을 모두 마치고 집에 왔을 때, 보육원의 아기들이 눈에 어른거리고 "엄마, 엄마" 소리가 환청처럼 계속 들려 한동안은 마음을 추스르기 힘들었다.

　봉사활동을 같이 간 친구들과 열흘 동안 숙식을 함께 하며 구슬땀을 흘린 일은 끈끈한 관계를 만들어냈고, 지금까지도 이어지는 모임으로 연결되었다. 친구들 모두 성격이 온순하고 소박해, 〈들국화〉로 모임 이름이 정해졌다.

　스터디그룹도 만들었다. 학교 가까이에 사는 현선네 자취방에서 안성탕면을 끓여 먹으며 원서를 번역하고, 혼자 하기 어려운 과제가 있으면 함께했다. 처음 시작할 무렵에는 매달 2,000원씩 회비를 내, 방학 때 여행도 다니고 형편이 어려운 가정에 라면과 쌀도 사드렸다.

모임을 만든 첫해 12월, 대전역에 모여 기차를 타고 부산에 놀러 갔다. 허름한 여관방을 잡아놓고 저녁을 먹으려고 식당을 찾았는데 식당 아주머니가 이런 말씀을 하셨다.

"학생들! 마음 고쳐먹고 집에 들어가기라. 이곳이 얼마나 험한 곳인데 몰라서 여기에 왔노? 여기는 자는 사람 코도 베가고 착한 사람 등쳐먹는 뎅기라. 그러니 밥 먹고 빨리 집으로 돌아가기라."

그때는 가출한 학생들이라고 생각하실 정도로 어리게 보였던 것 같다. 실제로 마음은 그랬다. 우리는 곧바로 숙소로 와서 문을 꼭꼭 걸어 잠그고 덜덜 떨면서 잤다. 다음 날 태종대며 자갈치시장 등 부산 여행을 다녔으나 식당 아주머니의 말씀이 자꾸만 귓가에 맴돌았다.

2학년 때인 1984년 공주정명학교가 개교하여 우리는 격주로 토요일마다 자원봉사를 다니기 시작했다. 특수교육과를 다니고 있으니 이왕이면 장애학생들을 가까이에서 도와주며 좀 더 이해해보자고 서로 뜻을 모았다. 그 일은 3학년까지 계속 이어졌다.

우리는 큰 의견대립 없이 서로 조금씩 양보하고 의지하며 잘 지냈다. '들국화' 덕분에 대학 생활을 더욱 풍요롭고 즐겁게 지낼 수 있었다. 부작용도 있었다. 우리들끼리 너무 돈독하다 보니 남자친구가 아무도 없었다.

  1987년 대학을 졸업하고 원주, 단양, 부여, 당진, 익산으로 발령이 났다. 당시는 편지로 서로의 안부를 전하며 지내야 했던 시절이었다. 그 해 겨울방학에 내장산, 채석강으로 1박 2일 여행을 다녀온 후 내가 사는 논산의 자취방에서 하룻밤을 더 함께 보내게 되었다.

  옹기종기 모여 앉아 이야기꽃을 피우다가 결혼을 누가 먼저 할 건지 재미 삼아 심지 뽑기를 했다. 내가 1번으로 뽑혔다. 2번으로 뽑힌 상영이는 첫 발령 후 같은 학교의 총각 선생님과 사귀고 있었다. 그래서 내가 마지막 번호로 가겠다고 하니 친구들이 순서를 바꾸는 일은 없다고 했다.

  장난처럼 지나간 일이었는데, 1988년 봄, 소개로 남편을 만나 사귀기 시작했다. 1989년 내가 2월, 상영이가 3월로 결혼 날짜를 잡았다. 심지 뽑기 순서대로였다. 그 후 3번인 현선이, 4번인 기옥이, 5번인 우미가 순서대로 결혼했다. 정말 신기한 일이 벌어졌다며 지금도 가끔 전설 같은 이야기를 한다. 다섯 부부 중에 교사가 아홉이고 남편만 회사원이었다.

  그 무렵 기옥이네는 안산에 살고 있었는데, 안산에 국립특수교육원이 문을 열어 친구들은 특수교육에 관한 연수를 신청하여 기옥이네 집에서 연수를 다니기도 했다.

  모두 결혼한 후에는 5명의 모임이 부부 동반 모임으로 바뀌었고, 나중에는 아이들이 2명씩 더해져 20명이나 되는 모임이 되었다. 아이들이 성장하면서 부모들이 대부분 교육자라서 아이들을 위한 테마를 한 가지씩 정해 여행했다. 숱한 여행을 하는 사이에 아이들은 쑥쑥 자랐고, 아이들이 자라는 모습을 계속 봐왔기에 서로의 아이들이 조카처럼 가깝게 느껴졌고 대가족이 된 것 같았다. 아이들도 또래여서 서로 친하게 지냈고 뭔가 기대를 하고 모임에 왔다.

  시간이 풍경을 이전으로 돌려놓았다. 아이들이 중, 고등학생이 되면서 공부하느라 바빠져 한 명 한 명 빠지더니 이제는 모두 성인이 되어 아이들이 생기기 이전처럼 다시 부부들만 만나고 있다.

  시간의 풍경은 이전 같아졌지만, 공간은 달라졌다. 2013년에 상영이가 천안에 전원주택을 지어 우리의 첫 번째 아지트를 만들어 주었다. 상영이는 도토리를 주워다가 가루를 내어 우리에게 도토리묵을 쑤도록 했고 구절초를 따서 꽃차를 만들기도 했다. 정원에서 국수잔치를 하기도 했다.

  같은 해에 우미네가 시댁이 있는 안면도에 집을 지어 우리의 두 번째 아지트가 생겼다. 우미네 시아버님이 옆에 살고 계셨는데 우리가 가면 반겨 주시면서 "나에게는 아들도 다섯이고 며느리도 다섯이라서 얼마나 좋은지 몰라. 친구들에게 자랑하고 있지." 하셨다.

아버님은 우리를 기다리셨고 꼭 다섯 개씩의 선물을 준비해 놓으시곤 하셨다. 그런 아버님께서 폐암으로 고통을 겪으셨는데 하필 코로나 시기라서 찾아뵙지 못한 것이 죄스럽다. 결국 다음 해에 아버님이 일어나지 못하시고 돌아가셨다. 지금도 안면도에 가면 우미네 시아버님 산소를 찾는다.

이제, 다섯 부부 중에 세 부부는 퇴직했고 두 부부만 현직에 있다. 제일 먼저 퇴직한 상영이네는 새로운 전원생활을 하기 위해 장소를 옮겨 두 번째 집을 지은 후, 세상에 하나뿐인 아름다운 정원을 가꾸며 멋지게 살고 있다. 두 번째 퇴직한 현선이네는 용인에 살다가 남편의 고향인 경북 봉화로 내려가 분천역 앞에 구절초 동산을 가꾸며 살고 있다. 세 번째인 우리는 김제 수류성당 옆에 조그만 집을 지어 전주와 수류를 오가고 있다. 현직에 있는 대전의 우미는 주말에 안면도를 다니고 있고 과천에 사는 기옥이는 친정이 있는 서산을 다니며 자연과 가까이 지내고 있다. 약속한 것처럼 모두가 퇴직 후 자연 친화적인 삶을 꿈꾸며 꿈을 이루어가고 있다.

지금은 멀리 여행을 다니는 것보다는 들국화의 삶의 터전인 봉화, 안면도, 김제, 천안 등에서 모임을 갖고 있다. 가끔 번개모임도 하며 직장을 다닐 때보다 더 자주 만난다. 남편들끼리는 남다른 형제애가 있고 끈끈한 정이 있다.

올해가 '들국화' 모임을 한 지 40주년이 되었다. 아이들까지 모두 모이기가 어려워 우리 부부들만 모여서 조촐한 자축파티와 40주년 기념선물을 준비했다. 가까운 지인들은 우리 모임을 신기해하고 부러워한다. 어떻게 아내 친구들 모임이 이렇게 부부 모임이 되어 오래가는지 의아해했다. 딸아이는 자기도 엄마처럼 이런 모임을 만들고 싶다고 한다.

모임이 오래오래 이어져 온 것은 지란지교이기 때문이 아닐까? 친구 사이의 높고 맑은 사귐 덕분이라고 생각한다. 40년. 서로 배려하고 응원해 주며 지지해 준 긴 시간이었다.

사십년지기 "들국화" 친구들이 있어서 삶은 풍요롭고 행복했다. 앞으로도 그럴 것이다. 다섯 송이 들국화는 변함없이 아름다울 테니까.

60명의 엄마

장애 학생들이 다니는 특수학교는 일반학교와 다르게 초·중·고 과정이 한 울타리 안에 있고, 대부분 기숙사가 함께 있다. 그 당시는 각 시·군별로 특수학교가 설립되어 있지 않았기 때문에 집이 먼 학생들은 통학에 어려움을 겪을 수밖에 없었다. 무엇보다도 장애 학생들은 보호자나 활동지원사들의 도움 없이는 통학 자체부터 난관이다. 그 시기는 여러 가지 상황을 고려해서 기숙사가 함께 있는 것이 최선이었다.

특수학교 기숙사는 일상적으로 이루어지는 동선과 상황이 어려울 수밖에 없는 장애 학생들이 함께 생활하고 있기에 여러 가지 사건, 사고가 빈번하게 일어난다. 생활지도사 선생님들이 잘 관리한다고는 하지만, 학생 수가 많다 보니 학생들의 일거수일투족을 모두 눈에 넣을 수가 없다.

이런저런 어려움과 신경을 써야 하는 일들이 많기 때문에 선생님들 사이에서 '기숙사 사감 부장'은 피하고 싶은 자리일 수밖에 없다. "아기 보는 공은 없다."고 하지 않던가.

2011년 3월, 군산여상에서 전주은화학교로 발령이 났다. 부임하기 전 2월 봄방학 때, 인사차 은화학교에 갔더니 교감 선생님께서 기숙사 사감 부장을 맡아달라고 하셨다. 학교를 이동하는 경우, 업무분장이 이루어진 이후여서 더 이상의 말이 필요 없어서 "네, 알겠습니다."라고 말씀드렸다.

대답은 그렇게 했지만, 하루도 조용할 날이 없을 것이 분명할 기숙사에서 보낼 나날들을 생각하니 머릿속이 하얘졌다. 하지만 이왕 맡기로 했으니 즐겁고 신나는 기숙사를 만들어 가기로 마음먹었다.

드디어 3월 2일, 개학하는 날이 되어 아침 일찍 출근해 기숙사로 향했다. 학부모님들이 이불과 옷, 생활용품들을 챙겨 학생들을 데리고 기숙사로 속속 도착했다. 예전에 가르쳤던 낯익은 얼굴들도 있고 새로운 얼굴들도 있었다.

   그날 학교 일과가 끝나고 기숙사에 가서 하교하는 학생들을 현관 앞에서 따뜻하게 맞이했다. 기숙사 1층은 남학생, 2층은 여학생이 사용했다. 방은 모두 16개였고, 생활지도사 선생님 8명이 각각 방 2개씩을 담당하고 있었다. 기숙사생은 모두 60명이었다.

   생활지도사 선생님들은 학생들이 하교하면 학생 한 명 한 명의 머리를 감기고 씻겨서 옷을 갈아입힌 후 저녁 식사를 하도록 지도했다. 아이들이 식사하는 것까지 지켜본 후 퇴근했다. 첫 하루가 어느 하루보다 길게 느껴졌다.

   다음 날부터 아침 일찍 출근해 기숙사로 갔다. 밤사이 별일이 없었는지, 각 방을 다니며 인사를 나누고 한 번씩 안아주었다. 학생들은 새로 온 사감 선생님의 방문이 기분 좋았는지 해맑은 미소를 지어주었다. 등교할 때는 집에서 부모님이 인사해 주듯, 현관 앞에서 잘 다녀오라고 배웅해 주었다.

   매일 아침저녁으로 기숙사에 가서 기숙사생들의 생활을 지켜보다가, 저녁 식사 후 특별히 할 일이 없어서 무료해 하는 학생들의 모습이 마음에 걸렸다. 겨우 TV 보는 일이 전부이니 얼마나 심심하고 따분했겠는가.

   기숙사생들에게 뭔가 즐거운 일을 만들어 주고 싶었다. 교장, 교감 선생님께 기숙사생들이 저녁 시간을 몹시 지루해하고 있는 상황과 '노래방 기계'가 꼭 필요한 것을 자세히 설명하니 두 분 모두 허락하셨다. '노래방 기계'가 들어온 날 학생들이 환호성을 지르며 좋아하던 모습이 눈에 선하다. 그 후로 기숙사의 저녁 시간은 노래를 부르고 춤을 추는 즐거운 생활로 이어졌다.

어느 날 퇴근 후 저녁 9시 무렵, 기숙사에서 전화가 왔다. 그 시간에 기숙사에서 전화가 오는 것은 흔치 않은 일이어서 뭔가 일이 생긴 것만 같은 불길한 예감이 들었다. 불길한 예감은 왜 다른 길로 피해 가지 않는지. 다른 학생이 밀쳐서 한 학생이 넘어져 걷지 못하고 있다는 연락이었다.

생활지도사 선생님께 119구급대를 불러 병원으로 옮기라고 조치하고 곧바로 병원으로 달려갔다. 응급실에서 엑스레이를 찍어 보니 뼈에 금이 갔다고 했다. 학생 부모님께 연락드린 후, 오실 때까지 보호자가 되어 자리를 지켰다. 도착한 학부모님께 죄송하다고 말씀드리고 학생을 인계한 후 집에 도착한 순간 온몸의 힘이 다 빠졌다.

몇 주 후 아침에는 한 학생이 넘어져 이가 두 개나 빠지는 일이 발생했다. 걷는 모습이 힘이 없어 보이고 휘청휘청하여 불안했는데 혼자서 계단을 내려오다가 넘어지며 일어난 사고였다. 알고 보니 전에도 넘어지며 이가 빠져 의치를 했는데 그 의치가 또 빠지고 만 것이었다. 교장, 교감 선생님과 상의 후 '학교안전공제회'로 사고를 처리하기로 했고, 어머니와 통화하며 아이가 힘이 없어 보이니 영양제를 복용할 수 있도록 권유했다.

이런 일도 있었다. 9월 어느 날 밤에 기숙사에서 초등학생 한 명이 없어졌다고 전화가 와서 곧바로 기숙사로 향했다. 분명히 현관문으로 나가지는 않았는데 보이지 않았다. 기숙사를 샅샅이 살펴보니 세탁기 안에 들어가 있었다. 모두가 얼마나 놀랐는지 가슴을 쓸어내렸다.

몸이 불편한 학생들이 생활하는 기숙사에서는 아무리 신경을 써도 어쩔 수 없이 많은 일들이 일어난다. 퇴근 후에도 업무가 끝났다는 생각이 들지 않는 나날이 이어질 수밖에 없었다.

그해 2학기가 끝나갈 때, 내년에는 기숙사를 어떻게 좀 더 잘 운영할까를 곰곰이 생각했다. 기숙사생들을 위한 〈방과후 교실〉을 운영하면 좋겠다는 생각이 들었다.

교장, 교감 선생님께 지루하고 따분하게 생활하는 학생들을 위해 〈방과후 교실〉을 운영하게 해 달라고 간곡히 말씀드렸다. 아이들이 그것을 통해 신나고 재미있는 기숙사 생활을 했으면 한다고 설명했고, 두 분이 승낙하여 곧바로 기숙사 〈방과후 교실〉 운영을 위한 계획을 세웠다.

그렇게 해서 2012학년도 기숙사 〈방과후 교실〉 과정으로 체육활동이 만들어졌고 남학생, 여학생으로 나누어 강당에서 격일로 실시했다. 〈방과후 교실〉 프로그램이 없는 날은 노래방을 운영했다. 학생들이 참여하는 활동이 늘어나며 자연스럽게 사건, 사고도 줄어들었고 기숙사에 더욱 생기가 돌았다.

그러던 어느 날 기숙사생들이 저녁 시간에 이용하는 강당을 배드민턴 동우회에서 이용할 계획이라며 멀리 떨어져 있는 건물의 5층 다목적실을 이용해 달라는 전갈을 받았다.

뭔가 잘못되고 있다고 생각되어 교장, 교감 선생님을 찾아가 "이 학교의 주인은 누구인지요? 학교에서조차도 우리 아이들이 주인이 아니라면 과연 어디서 대접을 받겠습니까? 학생들이 5층 다목적실로 이동하다가 사고라도 난다면 누가 책임지겠습니까? 저는 담당자로서 지금처럼 강당을 이용했으면 합니다." 하고 나오면서 마음이 너무 아팠다. 며칠 후 배드민턴 동우회는 없었던 일로 한다는 통보를 받았다.

그렇게 2년을 기숙사생들에게 좀 더 쾌적한 환경, 즐거운 삶의 공간을 만들어 주기 위해 나름대로 열심히 뛰어다니며 노력했고, 노력한 만큼 학생들과 학부모님들도 좋아하셨다. 생활지도사 선생님들도 뿌듯해하셨고 고마워하셨다.

  기억을 떠올리다 보니 감사한 마음으로 기억나는 분이 있다. 당시의 배동원 행정실장님은 기숙사를 위해 물심양면으로 지원해 주셨다. 만나기만 하면 필요한 비품은 없는지, 수리할 곳은 없는지, 하나하나 꼼꼼히 챙겨주시면서 항상 애쓴다고 격려해 주셨다. 안타깝게도 세월이 꽤 흘러 연락처는 없지만, 감사의 마음이 그분께 전해질 수 있었으면 좋겠다.
  보람 있는 기억은 짧을 수밖에 없는 것인지, 그다음 해에는 담임할 선생님이 없다고 하여 담임을 맡기 위해 기숙사 사감 부장을 그만두게 되었다.
  지금도 그때의 2년을 생각하면 학생들과 함께 더 열정적인 시간을 보내도록 나를 부추겼던 사랑의 열정이 내 안 어디에서 다시 움직이는 것을 느낀다.

빛나는 기억을 함께 만든 아이

　장애 학생들이 다니는 특수학교에서는 중학교, 고등학교로 올라갈수록 직업교육을 중요시한다. 직업교육이 직접적으로 직장과 연계되는 것은 아니지만 작업 능력을 길러주고, 할 수 있다는 자신감과 끈기를 길러주는 데 큰 도움이 되기 때문이다. 일반적인 직업에서 요구하는 집중력을 발휘하기 쉽지 않고 산만하게만 보이던 학생들도 작업을 반복하다 보면 직업교육에서 요구하는 집중력도 생기고 마음이 차분해지기도 한다.

　중등 특수교사였기 때문에 직업 교과를 맡은 경험이 있다. 전주 은화학교로 전입했던 2011년 3월 그 일을 맡게 되었다. 해마다 지적장애인들을 대상으로 5개 권역별로 실시하는 〈직업기능대회〉가 열리는데, 은화학교는 매년 대회에 참가했다. 그해에도 6월에 있는 〈호남지역 지적장애인 직업기능대회〉에 참가하기로 했고, 직업 교과 선생님들이 회의를 거쳐 학생들의 적성과 특기를 고려하여 대회에 나갈 선수들을 선발했다.

내가 맡은 직업 교과는 〈봉재〉라서 재봉틀을 이용하여 방석을 만드는 것이었는데, 고등학교 1학년 남학생 영기(가명)를 지도하여 대회에 나가게 되었다. 영기는 작업 능력은 좋았으나 한글은 받침이 없는 낱말만 이해하는 상태였고 숫자도 10까지 세는 정도였다. 하지만 성격이 밝고 말을 잘하는 예의 바른 아이였다.

처음에는 재봉틀을 놀이 삼아 가르치기로 했다. 영기는 천에 비느질이 되는 것을 신기해했다. 재봉틀 사용법을 익히는 것이 먼저였기에 천에 줄을 긋고 선을 따라 박는 직선박기를 반복적으로 지도했다. 자에 방석 치수를 표시하여 자의 눈금을 보는 방법도 알려주었다.

다음에는 노트에 치수를 적어 주고 치수를 써보는 숙제를 내주었다. 1주일 동안 계속했더니 직선박기를 제법 보기 좋게 해냈다. 자의 눈금을 읽는 것을 여전히 어려워해 반복적인 지도가 필요해서 매일 숙제를 주어 치수 숫자에 익숙해지도록 했다.

직선박기를 해낸 다음에는 곡선박기, 후진박기 순으로 단계를 높이며 연습했다. 대회까지 시간이 많지 않고 지도할 것들은 많았기 때문에 늦게까지 지도하겠다는 공문을 학교에 제출하고 저녁 9시까지 맹연습했다. 저녁은 도시락을 준비해 함께 먹었고, 연습이 끝난 후에는 영기를 집에 데려다 주었다. 영기는 아토피가 심해 연습할 때마다 몸이 가려워 몸부림을 쳤기 때문에 아토피에 좋은 보습크림을 마련해 상처에 발라가며 연습해야 했다.

조금씩 실력이 좋아지는 것이 눈에 보였다. 하지만 정해진 시간 안에 방석을 완성하는 일은 여전히 힘든 상황이었다. 바이어스 박기, 지퍼 박기 등도 계속 연습해야 했다. 그러던 어느 날 방석 치수를 외워서 말하고 자의 눈금도 읽을 수 있게 되었다. 나날이 실력이 향상되고 있는 것에 힘을 얻어 주말에도 연습했다.

주말도 없이 진행된 연습이 힘들었는지 어느 날 영기가 "선생님! 재미없어서 안 하고 싶어요."라고 말했다. 욕심을 너무 낸 것 같아 미안한 마음이 들었고, 힘들어하는 영기의 마음도 이해되었다. 다 그치지 않고 달래가며 천천히 진도를 나가기로 했다. 영기가 다시 보조를 맞추어 주었고, 그러던 어느 날 정해진 시간 안에 방석을 완성했다. "이 정도까지 해내다니!"라는 탄성과 함께 가슴 벅찬 감정이 밀려들었다.

드디어 대회가 열리는 날이 되어 광주로 갔다. 호남권 대회여서 광주, 전북, 전남, 제주도 지역에서 많은 학생이 참가했다. 대회가 진행되는 동안 내가 더 긴장되고 떨렸다.

대회를 마치고 나오는 영기의 얼굴이 밝았다.

"영기야! 수고했어. 어떻게 했니?"

"선생님이 가르쳐준 순서대로 했어요. 그런데 재봉틀 소리가 너무 시끄러웠어요."

심사 발표를 기다리는데 손에 진땀이 났다. 〈봉재〉 부문에서 영기가 금상 수상자로 발표되었고, 상금 50만 원을 받게 되었다. 영기와 부둥켜안고 껑충껑충 뛰었다. 집안 형편이 어려운 영기네 집에 작게나마 도움이 된 것 또한 뿌듯했다.

영역별로 금상을 받은 학생에게는 11월에 있는 〈전국 장애인 기능대회〉에 참가할 수 있는 자격이 주어졌기 때문에 우리는 명콤비가 되어 다시 연습을 시작했다.

어느 날 영기가 점심을 먹고 실습실에 오면서 하얀 망초꽃을 꺾어다 주면서 이렇게 말했다.

"선생님! 고생하셨어요. 꽃을 좋아하는 선생님 주려고 강당 앞에서 꺾어 왔어요."

그 마음이 너무나 기특하고 예뻐서 눈물이 핑 돌았다.

〈전국 장애인 기능대회〉에서의 과제는 4조각의 천을 이어 박고 주변에 넓은 바이어스를 주름잡아 박아서 쿠션을 만드는 것이었는데, 영기는 바이어스에 주름을 잡는 것을 많이 어려워했다. 가령 60cm 바이어스를 주름을 잡아 30cm로 만들려면 수치를 재면서 맞추어야 하고, 주름을 일정하게 잡아야 하는데 어른들에게도 힘든 작업이었다.

'연습만이 살길'이라고 생각하고 지도했지만, 속도는 쉽게 나지 않았다. 얼마나 많은 천으로 바이어스를 만들어 주름 잡는 연습을 했는지 모른다. 작업 시간을 재보니 조금씩 단축되고 있었다.

2학기 개학 후, 영기와 본격적으로 연습하자고 약속했다. 평일에는 아침부터 저녁 9시까지 연습하고 주말에도 나오기로 했다. 아침부터 저녁까지 영기를 지도하는 시간이 피곤한 줄 모르고 즐겁게 지나갔다. 그해 가을의 단풍이 언제 들었는지도 모르게 그렇게 지나갔다. 영기는 재봉틀을 마음대로 조작할 수 있게 되었고, 정해진 시간 안에 쿠션을 완성했다. 심사 기준은 완성도에 있었기 때문에 섬세한 부분들을 점검하며 지도했다.

드디어 〈전국 장애인 기능대회〉가 열리는 날이 되었다. 대회는 2박 3일 일정으로 열렸는데 가장 중요한 대회 일정은 둘째 날에 진행되었다. 그동안 연습했던 것을 실수 없이 하기만을 기도했다. 경기가 끝나고 영기가 편안한 얼굴로 대회장을 나왔다. 그동안 수고했다고 토닥토닥 안아주었다. 모든 과정이 끝났다고 생각하자 짐을 벗은 가벼움과 함께 허전함이 찾아들었다.

그런 마음속에 지켜본 심사 발표에서 영기가 금상과 함께 상금 100만 원을 받게 되었다. 너무나 감격스러워 영기와 얼싸안고 함께 울었다. 그 기쁜 소식을 학교에, 영기 어머니께, 남편에게 전했다. 학교에 오니 영기는 스타가 되어 있었다. 만나는 선생님들마다 칭찬과 격려를 아끼지 않으셨다. 뒤에서 지도한 내게도 행복과 보람이 찾아왔다.

며칠 후 실습실에 손님이 찾아오셨다. 영기 어머니였다. 열심히 가르쳐준 선생님이 너무나 고맙다고 음료수 2박스를 들고 오셨다. 영기 어머니도 지적장애인이고 경제적으로 어려운데 그렇게까지 마음을 전해주시다니! 감동이었다. 영기네의 어려운 가정 형편을 알기에 그 후로 몇 년 동안은 김장철이면 김장을 한 통씩 가져다 주었다.

영기는 모범생으로 학교를 졸업하고 교장 선생님의 적극적인 추천으로 학교의 행정실무사가 되어 집안의 가장 노릇을 하고 있다. 60세 정년까지 보장되는 무기 계약직이니 얼마나 잘 되었는지!

그 한해는 영기를 위해 나의 모든 에너지를 쏟아부었다. 영기가 꾸준히 연습하고 끝까지 잘 따라주었기에 가능한 일이었다. 정말 내 생애 최고의 해 중의 하나였다. 장애 학생을 가르치는 특수교사는 제자가 없다고들 말하는데 내겐 훌륭한 제자가 있었다!

해마다 망초꽃이 필 무렵이면 망초꽃을 꺾어다 주던 영기 생각이 난다. 가르치는 기쁨을 맛볼 수 있게 해준 영기가 참 고맙다.

새 길을 만들었던 아이

3월이 되면 새로운 만남의 이야기가 시작된다. 2015년 3월, 은화학교에서 고3 담임을 맡았다. 첫날, 반 아이들을 만나고 학부모님들과도 상담 시간을 가졌는데 유독 눈에 띄는 학생이 있었다. 키가 훤칠하고 잘생겼지만 주의가 산만하고 조금 불안해하는 자폐를 가진 남학생 수영(가명)이였다.

수영이 어머니께서 수영이가 집에서는 우유와 간식도 잘 먹고 급식실에서도 문제가 없지만, 교실에서는 우유나 간식을 전혀 먹지 않는다며, 먹지 않아도 괜찮다고 하셨다. 정황을 파악하기 위해 이유를 물으니, 초등학교 때부터 지금까지 단 한 번도 먹지 않앉다고 했다.

 수영이가 교실에서만 그런 행동을 한다면 분명한 이유가 있을 것이라는 생각이 들었다. 먹는 일을 피하게 한 원인이 과거 속의 교실에 있을 테니 원인도 알아보고, 행동수정 요법을 활용해 보기로 했다.

 수영이가 초등학교에 입학할 무렵, 주차장에서 어머니와 교실에 들어가지 않겠다고 실랑이를 벌이던 모습을 자주 보았던 것이 떠올랐다. 낯선 장소, 낯선 사람들을 경계하고 싫어했기에 엄마와 떨어지지 않으려고 울며 매달렸다. 초등학교 저학년까지는 계속 그랬던 것 같다. 교실에 들어가는 것을 싫어했으니 교실에서 먹는 것조차도 거부한 것이 아닌가 싶었다.

 우선 수영이와 친해지기로 했다. 서두르지 않고 천천히 시도했다. 행동들을 지켜보고 지시를 잘 따르거나 수업에 참여하면 칭찬해주며 서로 눈을 맞추었다. 점심시간마다 반찬을 골고루 잘 먹어서 잘했다고 어깨를 토닥거려 주었다.
 수영이는 앵무새처럼 같은 말을 반복했다. 똑같은 질문을 끝도 없이 계속 반복했다. 힘들었지만 웃으면서 대답해 주었다. 수영이에게 따뜻하고 포근한 엄마처럼 대하면서 가까이 다가가려고 노력했고 서로 눈을 맞추며 1:1로 대응해 주었다.

한 달 정도 지나니 경계하지 않고 자연스럽게 다가와 주변을 맴돌면서 손도 만지고 머리카락도 만졌다. 수영이가 먼저 다가와 스킨십을 하니 감동이었다. 어머니께 전화하니 이렇게 빠르게 마음을 연 일은 처음이라고 하시며 좋아하셨다.

수업 시간에도 개별적으로 가르치면 집중하면서 열심히 따라 했고 혼자서 하기 어려운 활동은 스스로 도움을 요청하기도 했다. 그동안은 우유 마시는 일에 전혀 관심이 없는 듯 모르는 척했다. 성급하게 진행하면 일을 그르칠 수 있기에 태연하게 다른 학생들만 우유를 마시도록 했다.

몇 주가 지난 후 학생들이 우유를 마시는 시간에 수영이에게 조심스럽게 새로운 시도를 했다.

"앞으로 수영이가 우유 당번을 맡아 볼까? 아침에 등교하면 지도사 선생님과 같이 급식실에 가서 우리 반 우유 타오세요."

아이가 "네."하고 흔쾌히 대답했다.

우유 당번을 시작하고 일주일쯤 지났을 때 다른 제안을 건넸다.

"수영아! 친구들도 우유 마시고 선생님도 우유 마시네. 이것 봐. 와! 참 맛있다. 우리 반에서 우유 안 마시는 사람이 있나? 없는 거 같은데. 수영이도 우유 마셔 볼까?"

조금 어색해하긴 했으나 관심을 보였다. 급할 일이 아니었다. 관심을 드러낸 것만으로도 대단한 진척이었다.

"그럼 오늘은 수영이 우유를 냉장고에 넣어 놓을까? 그래. 잘했어."

다음날은 우유를 마실 때 친구들에게 빨대를 나누어 주라고 하면서 칭찬해 주었다. 그다음 날은 친구들 우유곽에 빨대를 꽂아주도록 했고, 또 그다음 날에는 조심스럽게 친구들과 함께 우유 한 모금만 마셔 볼 것을 권했다.

수영이는 그동안 우유를 거부했던 아이가 아닌 것처럼 벌컥벌컥 단숨에 우유를 마셨다. 우리는 환호성을 지르며 축하했고 칭찬했다. 10년이 넘도록 교실에서 먹지 않던 우유를 먹게 된 것이다. 그 기쁜 소식을 전해드렸더니, 어머니는 기적이라고 하시며 울먹이셨다.

다음 단계로 교실에서 간식 먹기를 시도했다. 교실에서 아이들이 과자를 먹어도 수영이는 전혀 관심을 보이지 않았다. 어머니께 전화를 걸어 아이가 좋아하는 과자가 무엇인지 알아낸 후 그 과자들로 간식시간을 갖기로 했다. 학생 수만큼의 접시에 과자를 나누어 담으면서 아이에게 말을 건넸다.

"이것은 수영이 거야. 알았지?"

수영이는 고개를 끄덕였다.

"수영이도 먹어볼까? 선생님은 먹고 싶네. 하나만 주세요."

아이가 간식을 입에 넣어주었다.

"고마워. 와! 맛있다. 선생님도 수영이 주고 싶네."

수영이는 입에 넣어주는 간식을 받아먹었다. 먹고 싶은 마음을 그동안 어떻게 참았을까, 하는 생각이 들 만큼 맛있게 잘 먹었다. 그 후로 요리실습을 하면 친구들과 함께 시식했고, 오히려 친구들보다 더 먹으려고 욕심을 부리기도 했다. 지금도 찐 옥수수와 삶은 고구마를 맛있게 먹던 수영이의 모습이 눈에 선하다.

여름방학이 되어, 학생들 안부를 알기 위해 전화를 걸었더니 수영이가 선생님 목소리를 알아듣고 엄마한테 바꿔 달라고 했다.

"선생님! 보고 싶어요."

순간 눈물이 핑 돌며 힘들었던 순간들이 봄눈 녹듯이 모두 사라졌다.

가을이 되어 날씨가 쌀쌀해졌다. 모두 긴팔 티셔츠, 긴 바지로 바꾸어 입었는데 수영이 혼자만 반팔 티셔츠와 반바지를 입고 학교에 왔다. 어머니께 여쭈어보니 변화하고 바뀌는 것을 싫어하여 아침마다 고집을 부리고 예전에 입던 대로만 입고 간다고 하셨다.

수영이와 함께 다른 교실을 다니며 학생들이 어떤 옷을 입었는지 보여주었다. 교실에 와서 '계절에 맞는 옷차림'에 대해 수업하며 "수영아! 내일은 긴 팔 티셔츠와 긴바지를 꼭 입고 오렴. 선생님과 약속하자." 하면서 새끼손가락을 걸었다. 다음날 아이는 따뜻한 가을옷으로 갈아입고 등교했다.

모든 행동이 좋아지고 바뀌지는 않았다. 수영이가 교내에서 다니는 길은 한 번 정해지고 난 뒤에는 다른 길로 바뀌지 않았다. 옷을 계절에 맞게 입은 일은 성공했지만, 자폐 학생들에게 환경 변화를 받아들이게 하는 일은 쉬운 일이 아니었다.

특수학교에는 전공과라고 해서 고등학교를 졸업한 장애 학생들이 다니는 2년 과정의 교육과정이 있다. 고3 학년은 전공과에 진학하는 것이 큰 목표였다. 전공과는 정원보다 지망하는 학생들이 많아서 입학전형을 거쳐 몇 명은 진학을 포기해야 했다. 공정한 심사를 위해 다른 학교 선생님들이 오셔서 기숙사에서 입학전형을 실시했다.

수영이에게는 기숙사가 낯선 곳이고, 다른 학교 선생님들 또한 낯설어서 큰 문제가 생겼다. 기숙사를 익숙하게 느끼도록 한 달 동안 급식실에 갈 때마다 반 전체가 기숙사에 다녀오고 식사 후에도 기숙사를 거쳐 돌아왔다. 기숙사에 대한 거부감이 사라졌으리라고 기대했지만, 전공과 입학전형이 있는 날 수영이는 기숙사에 들어가는 것을 거부했고 '불응시'로 처리되며 전공과 입학을 포기해야 했다. 너무 안타깝고 마음이 아팠다.

옆에 있는 선화학교 전공과에는 자리가 있었으나, 어머니께서 자폐가 있는 수영이가 변화를 싫어하기 때문에 새로운 학교에 적응하려면 그 과정이 너무 힘들고 겨우 익숙해지면 졸업일 것 같다면서 포기하겠다고 하셨다.

1년 동안의 교육활동 사진을 담아 졸업앨범을 만들어 주었더니 수영이는 집에서 앨범만 보면서 "최경숙 선생님! 최경숙 선생님"만 찾고 다닌다고 했다. 1년 동안 수영이를 위해 온갖 정성과 사랑을 쏟았지만, 전공과에 진학하지 못한 것이 내 탓인 것처럼 몇 년 동안 마음에 걸렸다. 하지만 수영이가 조금씩 바람직한 행동 변화를 보일 때의 잔잔한 감동과 보람은 지금까지 마음속 깊이 남아 있다.

세상에 돌을 던진 아이

2016년 3월 2일, 새 학년 새 학기가 시작되었다. 지적장애인 학교인 은화학교에서 4년째 고3 담임을 맡았다. 그해에도 새로 만난 학생 중에 유독 눈길이 가는 아이가 있었다. 눈빛이 이글거리며 세상 모든 것이 못마땅한 듯 떨떠름한 표정을 짓고 있는 혁이(가명)라는 남학생이었다.

특수교사로 30년을 교단에 섰는데도 공격적이거나 폭력적인 학생들의 생활지도는 어려운 숙제였다. 남교사보다 여교사를 얕잡아보는 학생들의 심리도 숙제에 무게를 더했다.

1년 동안 다른 친구들뿐 아니라 혁이와도 즐겁고 행복한 학급

• chapter 1. 특수교사로 만난 인연 •

이 되길 바랐다. 혁이의 고1, 고2 시절 담임 선생님을 함께 만나 혁이에 대해 상의했다. 혁이는 지능도 괜찮은 편이어서 수업을 따라오는 데는 큰 문제가 없었으나 생활지도는 매우 어렵다고 했다.

초등학교, 중학교를 특수학급에 다닌 후 고등학교도 특수학급으로 진학했다고 했다. 그곳에서 도벽과 가출, 성추행 등 문제가 많아 고1 때 은화학교로 전학을 와서 기숙사에서 생활한다고 했다. 고1, 고2 담임이 모두 남선생님이라서 학교에서는 큰 말썽을 피우지 않았으나 주말이나 방학 때 집에 가면 도벽, 가출 등의 문제를 일으켰다고 했다. 고3 때는 여선생님이라서 혁이가 어떻게 행동할지 모르겠다고 모두 걱정하셨다. 이야기를 듣고 나니 큰 숙제를 받은 것처럼 마음이 무거워졌다.

며칠 후 혁이 아버님께서 학교에 오셔서 이야기를 나누었다. 혁이가 어렸을 적에 엄마가 집을 나갔고 그 후 몇 년 동안 새엄마가 구박과 학대를 해서 새엄마를 내보냈다고 했다. 그 시기부터 어긋나기 시작한 것 같다고 했다. 그 후 아빠, 형, 혁이 셋이 살다가 형이 취직하여 나가고 지금은 아빠와 둘이 생활한다고 했다. 엄마의 따뜻한 사랑을 받지 못하고 새엄마한테 구박과 학대를 받아 그렇게 된 것에 대해 아버지로서 죄책감을 느낀다며 울먹이셨다. 이야기를 듣고 나니 혁이가 안쓰러웠다.

3월 둘째 주까지는 혁이가 지시에 잘 따르며 조용히 생활했다. 분위기 파악도 하고 담임이 어떤 사람인지 살핀 것 같다. 그 후로는 달라지더니 조금만 기분이 나쁘거나 화가 나면 갑자기 교실의 교구들을 때려 부수었다. 유리창을 깨기도 하고 사물함을 발로 차서 부수고 책상, 의자를 던지는 일도 빈번했다.

주의를 주고 당부하면 그때뿐이었고 다시 언제 그랬냐는 듯 격한 행동을 했다. 옆에 있는 학생들이 행여나 다칠까 걱정이 되어 가슴이 조마조마했다. 혁이 아버님과 통화를 해도 죄송하다며 잘 부탁한다고만 하시니 대책이 없었다.

하루도 조용한 날이 없었다. 4월경부터는 친구들에게 폭력을 행사하기 시작했다. 여자아이들이나 힘이 없고 약한 아이들은 건드리지 않았다. 비슷한 체격과 힘이 센 아이들을 상대로 싸우고 때렸다. 다른 반 친구들이나 후배들까지도 건드려서 일주일에 두세 번 정도는 싸움이 일어났다.

혁이에게 '분노조절장애'가 있는 것으로 보였다. 분노조절장애의 주요 증상 중 하나는 폭발적인 분노나 과잉 반응이며 자주 화를 내고, 사소한 일에도 격노하는 것이다. 분노조절장애가 있는 사람들은 자신을 제어하는 게 힘들고 자신과 주변 사람들에게 위험을 일으킬 수도 있다. 어린 시절에 상처를 입거나 학대당한 경험이 있는 사람들은 특히 분노조절장애가 발생할 확률이 높다는데, 혁이가 거기에 속했다.

교사로서 혁이 앞에서 무능하게 느껴졌고 한없이 아래로 추락하는 느낌이 들었다. 학교에 출근할 때면 마음이 무거워져 도망치고 싶은 심정이었다. 다른 학생들에게 손길이 갈 마음의 여유가 없었고 '내가 왜 여기 와 있지?' 하는 의구심마저 들었다.

도저히 그대로는 생활할 수가 없어서 4월 하순쯤 교감 선생님께 상담을 요청했다. 교감 선생님께 현재 혁이의 폭력적인 행동들을 설명하고 '분노조절장애'가 심해 담임이 생활지도를 감당할 수 없는 수준임을 말씀드렸다. 더 사고가 날까 염려스럽다고 하니 교감 선생님께서 부모님을 소환하라고 하셨다.

다음 날 혁이 아버님이 오셨고, 교무실에서 교감 선생님과 함께 만났다. 교감 선생님께서 상황을 풀어가셨다.

"혁이 아버님! 혁이의 지금 상태는 '분노조절장애'로 교육이 필요한 것이 아니라 치료가 필요합니다. 먼저 치료받은 후에 좋아지면 다시 학교로 보내십시오. 그러면 그때 저희가 교육을 다시 맡겠습니다."

"네. 교감 선생님! 잘 알겠습니다. 예전에도 혁이가 정신과 치료를 받은 적이 있습니다. 우선 정신병원에 입원하여 치료하겠습니다."

"네. 아버님께서 혁이의 상태를 수긍하시고 이해해 주시니 감사합니다."

그날 곧바로 혁이는 아버님과 함께 전주에서 제일 큰 마음사랑병원에 입원했다. 혁이가 안쓰럽기도 했지만 앞으로 학교에서, 사회에서 타인들과 함께 생활하려면 치료를 받는 것이 혁이를 위한 최선의 대책이라고 생각했다.

며칠이 지나고 혁이가 학교로 전화하여 담임을 바꾸어 달라고 했다.

"최경숙 선생님! 안녕하세요? 저 혁이에요."

"그래. 혁이구나. 잘 지내고 있지?"

"네, 잘 지내고 있어요. 그런데 피자 먹고 싶어요."

"그렇구나. 알았어. 선생님이 며칠 후에 피자 가지고 갈게. 그러니 치료 잘 받고 있어야 해. 알았지?"

"네. 선생님! 감사합니다."

전화를 끊고 나서 생각하니 그래도 담임한테 전화를 걸어 피자 먹고 싶다고 말하는 혁이가 예쁘기도 했다. 집에 와서 남편에게 혁이와 전화한 이야기를 하고 혼자 가는 것이 마음이 불편하니 같이 가 달라고 했다.

일정을 잡아 출장을 내고 병원에 가서 혁이의 담당 의사 선생님을 만나 상담했다. 혁이의 상태를 확인하시고 적어도 6개월 정도는 약물치료와 인지치료를 받아야만 된다고 하셨다. 혁이와 만나 피자를 먹인 다음 약 잘 챙겨 먹고 좋아져서 학교에 오라고 당부했다.

혁이는 병원 생활이 지루하고 따분한지 가끔 전화해서 지금 친구들은 뭘 하냐고 궁금해했다. 한 번씩 통닭이 먹고 싶다. 수박이 먹고 싶다고 했다. 한 달에 한 번 정도는 병원에 가서 혁이를 만나 따뜻하게 격려해 주었고 먹고 싶다던 간식을 챙겨 주었다. 혁이 아버님과도 전화 통화를 하고 혁이에게 계속 관심과 사랑을 부탁드렸다.

그렇게 1학기가 지나고 2학기가 시작되었다. 혁이 아버님이 9월부터 혁이를 학교에 보내겠다고 하셨다. 혁이가 학교에 가고 싶어 하고 그동안의 병원 치료 덕분에 상태도 많이 좋아졌다고 하셨다. 알겠다고 했지만 1학기 때의 악몽이 되살아나지는 않을지 걱정이 되었다.

혁이가 드디어 학교로 돌아왔다. 퇴원을 했어도 몇 개월은 계속 약을 먹어야 한다고 했다. 약을 오랜 기간 복용해서인지 예전보다 힘도 없고 화를 내지도 않았다. 오전에는 약 기운 때문인지 멍한 상태로 수업 시간에 한 시간씩 잠을 잤다. 친구들과 싸우지도 않았고 순한 양이 되었다. 우리 반은 혁이가 왔는데도 평화를 유지할 수 있었다.

수업에도 적극적으로 참여했고 웃는 모습이 귀여운 혁이가 되었다. 그동안 혁이는 마음의 상처를 분노로 표출했다. 아무도 자신을 알아주지 않으니 내가 아프다고, 힘들다고 거칠게 하소연한 것이다. 세상이 모두 적으로 보였을 텐데 혼자서 싸워야 했으니 얼마나 힘이 들었을까. 이제는 그 짐을 내려놓은 듯 평온해 보였다. 그렇게 모두가 즐거운 학교생활을 할 수 있었다. 혁이 아버님은 달라진 혁이의 모습이 좋아서 친구들 간식을 보내주기도 하셨다.

혁이는 고3을 잘 마치고 다음 해에 전공과에 진학했다. 그런 혁이를 지켜보며 뿌듯했고 혁이의 마음속 상처들이 빨리 아물고 치유되길 바라는 마음이었다. 3월에 군산명화학교로 발령이 나서 그 후 혁이를 만나지 못했지만 지금도 어딘가에서 주변 사람들과 잘 지내고 있으리라 믿는다.

봄 햇살 같은 아이

 2017년 3월에 군산명화학교로 전입하여 고1 담임을 맡았다. 새로운 학교, 새로운 업무, 새 학생들과 적응하느라 3월이 눈 깜짝할 사이에 지나갔다.
 마음의 여유가 생긴 5월쯤, 점심시간에 처음 보는 낯선 아이가 휠체어를 타고 우리 교실 복도를 서성이고 있었다.
 "안녕? 누구니? 우리 반에 누구 만나러 온 거야?"
 아이는 밝은 미소를 지었으나 대답은 없었다. 옆에 있던 지도사 선생님이 이름이 '선우(가명)'라고 알려 주셨다.
 "그래. 다음에 또 놀러 오렴."

아이는 해맑은 표정으로 손을 흔들며 자기 교실로 갔다. 선우와의 첫 만남이었다.

그 후로도 가끔 놀러 왔고, 교실까지 들어오기도 했다. 하지만 여전히 나 혼자 일방적으로 말했고 그 아이는 고개를 끄덕이거나 흔드는 정도였다. 혼자서는 휠체어를 밀기도 힘들어서 항상 지도사 선생님이 동행했다. 언제나 웃는 얼굴이어서 참 밝은 아이임을 알게 되었다.

2018년 3월 새 학년 새 학기가 시작되었다. 내가 맡은 중학교 2학년 학생들을 확인하니 거기에 선우가 있었다. 반가운 마음이 들었다. 교실에 들어갔더니 선우는 내가 담임인 걸 알고는 좋아하는 마음을 온몸으로 표현했다.

선우는 한글을 알고 있었으나 발성이 되지 않는 장애가 있어 말로 하는 대화가 어려웠다. 태어나면서부터 뇌에 이상이 있는 뇌성마비로 인한 뇌병변 1급이었다.

누군가의 도움 없이는 일상생활이 힘들었다. 이동하는 것, 화장실 다니는 것, 식사 등 대부분을 옆에서 챙기고 도와주어야 가능했다. 선우의 학교생활을 도와주는 분은 지도사 선생님이 아니고 공익 선생님으로 배정되었다.

• chapter 1. 특수교사로 만난 인연 •

4월쯤, 다른 수업 시간에 작은 사고가 발생했다. 수업이 모두 끝난 후에 사고 난 이야기를 듣고서 알게 되었다. 만들기를 했는데, 선우에게 직접 가위질을 해보라고 가위를 주었다고 했다. 힘 조절이 어렵고 의지대로 몸을 움직일 수가 없어 가위에 손을 다쳤는데, 마침 그때 어머니께서 오셔서 선우가 치료실에 갈 시간이라고 데리고 가셨다고 했다. 아! 이건 아닌데 싶어서 바로 어머니와 통화를 했다.

"어머니! 이제야 들었어요. 선우의 상처를 확인하고 담임이 병원에 데리고 가야 했는데 그냥 보내서 정말 죄송합니다."

"괜찮아요. 피는 조금 나는데 그렇게 심각한 것은 아닌 거 같아요."

"아닙니다. 번거롭더라도 병원에 꼭 데리고 가셨으면 합니다. 의사 선생님이 상처를 직접 보시고 확인해야지 제가 마음이 놓일 거 같네요. 병원비는 걱정하지 마시고 꼭 다녀오세요. 죄송합니다."

"네. 선생님! 병원 다녀올 테니 걱정하지 마세요."

전화를 끊고 나서도 마음이 놓이지 않았다. 저녁에 다시 어머니와 통화를 하니 병원에서 세 바늘을 꿰맸다고 하시며 치료비는 조금 나왔으니 신경 쓰지 말라고 하셨다. 그제야 체증이 내려간 듯 마음이 편안해졌다. 다음 날 빵을 좋아하는 선우를 위해 롤케이크

선물 세트를 준비하여 보내드렸고, 선우가 다친 일에 계속 마음이 쓰여 어머니와 통화를 했다. 이런 말이 건네져 왔다.

"선생님! 이젠 걱정하지 않으셔도 됩니다. 저는 이미 선생님께 위로를 다 받았어요. 이렇게 세심하게 마음 써 주셔서 감사합니다."

진심이 담긴 마음이 서로 통했나 보다.

어느 날 수업 시간에 두 팀으로 나누어 연상퀴즈 맞추기를 했다. 아이들한테 진 팀은 어떻게 할까 했더니 '새우깡'을 벌칙으로 하자고 했다. 선우네 팀이 져서 새우깡을 가져오기로 했다. 다음 날 학교에 온 그 아이는 몹시 흥분하면서 가방에 새우깡이 있다고 가리켰다.

하교 때 만난 어머니 말씀이 선우가 가족들한테 새우깡을 말했는데 아무도 못 알아들었다고 했다. 아이는 아이대로 답답하고 아빠, 엄마, 여동생도 답답해서 혼났다고 했다. 서로가 얼마나 힘들었겠는가.

30분 정도 실랑이를 벌이다가 결국에 선우는 속상해서 울었다고 했다. 한참 후에 선우 아버님이 알아들으시고 새우깡을 사다 주었더니 새우깡을 껴안고 잠들었다고 했다. 그전에는 전달 사항을 알림장이나 전화, 문자로 보내드려 문제가 없었다. 아이들한테 구두로 전달한 것이 선우에게 그렇게 힘든 숙제가 될 줄 몰랐다.

그 일을 겪은 후 선우가 어떻게 하면 의사소통을 잘할 수 있을까를 곰곰이 생각해 보았다. 며칠 고민 끝에 그 아이에게 자·모음 판을 만들어 주기로 했다. 한글을 알고 있으니 스스로 자·모음 판에 손가락을 가리켜 글자를 만들어서 대화하면 되겠다 싶었다. 크게 만든 후 코팅을 하여 책상에 붙여주고 가방에 하나를 넣어주며 치료실이나 집에서 활용하라고 했다.

선우가 춤을 추며 좋아했다. 마치 어두운 동굴에서 나와 밝은 세상에 나온 것처럼 환희에 가득 찼다. 그 뒤로 선우는 대화도 더 많아지고 매사에 의욕이 넘치고 학습에 대한 열의도 높아졌다. 대화할 욕심에 선생님들을 독차지하려고 하여 절제를 시켜야 할 정도였다. 좋은 방법이 있었는데 좀 더 빨리 해 줄 걸, 하는 후회가 되었다. 부모님께서도 정말 고맙다고 하셨다.

선우는 화장실 가는 것에 강박관념이 있었다. 혼자서 자유롭게 가지 못해서인지 화장실 가는 것을 거부하거나 가더라도 볼 일을 못 보고 오는 경우가 많았다. 어떤 날은 학교에 있는 동안 한 번도 가지 않을 때도 있었다.

학교에 오면 요구르트 한 병을 마시고, 점심시간에 국도 한 그릇

먹고, 물도 한 컵을 마시는데 화장실을 가지 않는 것이 이해되지 않았다. 선우가 화장실 이용하는 것을 마음 편하게 생각하고 강박관념에서 벗어나도록 지도하고 싶었다.

선우가 화장실에 다녀오면 친구들과 간식을 주기로 약속했다. 친구들은 간식을 먹고 싶은 마음에 선우에게 화장실에 가자고 부탁하고 격려했다.

선우가 화장실을 다녀온 날에는 간식을 먹을 수 있어서 반 친구들이 박수를 보내며 좋아했다. 몇 개월 후 조금씩 화장실 가는 횟수가 늘어나고 좋아지기 시작했다. 어머니께서도 너무나 고맙다고 눈물을 글썽이셨다.

선우에게는 좋지 않은 습관이 있었다. 누군가 자기를 도와주는 일을 너무나 당연하게 받아들였다. 계속 도움을 받으며 생활해야 하는 상황을 피할 수 없기에, 그런 태도는 좋지 않다고 생각되어 바꾸어 주고 싶었다.

알아듣도록 설명하고 도움을 받으면 작은 일이라도 꼭 고마움을 표현하라고 했다. 선생님이 자기를 사랑하고 있다는 것을 알고 있어서인지 혼내는 것에 대해 노여움으로 반응하지 않았고, 자주 이야기하고 지도하니 조금씩 마음이 바뀌고 성장했다.

선우와 행복한 1년을 보내고 다음 해 3월에는 다른 학년을 맡게 되었다. 담임이 바뀌었는데도 멀리에서 나를 만나면 환호성을 지르고 춤을 추며 좋아했다. 선우의 마음이 변함이 없는 것이 반가웠지만, 표가 나게 드러내는 것이 좋지 않을 것 같아서 절제하기를 바라며 약간은 거리를 두었다.

선우가 중학교 과정을 마치고 고등학교에 입학한 2020년 3월, 다시 선우의 담임이 되었다. 선우가 좋아하는 모습을 생각하니 나도 기뻤다. 하지만 코로나로 3월부터 5월 초까지는 원격수업을 하여 학생들과 만날 수가 없었다.

드디어 등교하는 날이었다. 어머니 말씀이 선우가 너무나 좋아하며 새벽부터 일어나 학교 가려고 기다리고 있었다고 하셨다. 선우와의 두 번째 학교생활이 시작되었다. 같은 학생을 두 번씩 담임하는 건 흔치 않은데 깊은 인연이었나 보다.

코로나 시기라서 손 소독과 손 씻기에 신경을 쓰고 지도했다. 점심시간에 친구들은 화장실에 들러 손을 씻고 급식실에 가지만 선우는 휠체어를 타고 도움을 받아 씻어야 해서 항상 친구들보다 늦었다. 친구들과 같이 가고 싶어 하는 마음을 알기에 특별히 교실에서 대야에 물을 받아 손을 씻도록 배려해 주었다.

하지만 선우는 아무 생각 없이 대야의 물을 엎어서 교실이 물바다가 되었다. 그리고도 미안한 마음도 없이 아무렇지도 않다는 듯이 깔깔깔 웃는 모습에 마음이 무거워지고 불편했다. 특별대우를 해 주는 것이 결코 좋은 것이 아님을 깨닫고 그 후로는 친구들과 똑같이 화장실에서 손을 씻도록 했다. 앞으로 살아갈 세상이 모두 선우를 위해 있는 것이 아님을 말해주고 스스로 극복해 나가도록 해 주는 게 바람직한 교육임을 알게 되었다.

 코로나로 급식실에서 식수를 제공하지 않아 각자 마실 물을 집에서 가져왔다. 선우는 작은 생수병을 가져왔는데 혼자서 마실 방법이 없을까 고민했다. 물병 뚜껑에 구멍을 뚫어 빨대를 꽂아 '연예인 물병'을 만들어 주고 마셔 보도록 지도했다. 찍찍이로 물병과 손을 같이 감아주고 시도해 보았지만 어려운 일이었다.

 선우는 혼자서는 과자 하나도 입에 넣는 것이 힘들었다. 그래서 플라스틱 접시를 끈으로 책상에 고정하여 집어서 먹도록 해보았으나 그것도 힘든 일이었다. 선우가 작은 일이라도 조금씩 자립하도록 도와주려 했으나 의도적으로 해보려고 하면 오히려 몸이 더 경직되었다.

 명화학교에는 운동치료실이 있어 학급별로 1주일에 한 번씩 이용했다. 그곳에 가면 여러 가지 운동기구가 있지만 몸이 불편한 선우가 할 만한 것이 없었다. 그 당시 내가 맡은 업무 중에 운동치료실 관리가 있었다. 운동기구를 살 시기에 이왕이면 선우가 할 만한 운동기구를 장만해 주고 싶었다.

실내 자전거 중에 등받이도 있고 높이도 낮은 안전한 것으로 주문했다. 설치한 후에 선우에게 해 보도록 권하였다. 절대로 서두르지 말고 한 발 한 발 움직이며 다가가서 자전거에 앉도록 도와주었다. 선우는 좋아하며 고맙다고 했다.

자전거 페달 밟는 것이 달팽이처럼 속도는 느리지만 평소에 휠체어에만 앉아있어 다리 힘이 없는 그 아이에게는 정말 필요하고 좋은 운동기구였다. 그 후로 운동치료실에 가면 땀을 흘리며 열심히 운동했다.

선우는 겨울이 다가오니 방학하는 것이 싫다고 했다. 학년이 올라가면 선생님과 헤어지는 것이 슬픈 일이라고 했다. 두 번째 만남도 이렇게 즐겁고 행복한 학교생활을 하면서 막을 내렸다.

선우는 이제 더 씩씩하고 당당한 모습으로 생활하고 다른 사람들과 공감하려고 노력하고 있으니 어디에서든 잘 적응하리라 믿는다. 선우라는 한 알의 씨앗이 나의 작은 가르침과 지도가 작은 자양분이 되어 싹이 나고 자라도록 멀리서 응원한다.

또 한 사람의 특수교사

특수교사로 35년을 보냈는데, 2년을 제외한 33년 동안은 남다른 파트너가 있었다. 33년이나 함께 했다고 해서 그 파트너가 모든 면에서 나와 잘 맞았다는 것은 아니다. 하지만 특수교사로 힘들고 어려울 때면 최고의 파트너십을 발휘해 주었다.

1989년 결혼한 이후, 남편은 한결같이 나를 지지하고 응원해 주었다. 결혼 무렵 남편은 대전 수자원공사 본사에 근무했고 나는 여산중학교 특수학급에 근무했다.

남편은 아내가 장애 학생을 가르치는 특수교사인 것을 대단한 일로 여기고 자랑스럽게 생각했다. 장애 학생들을 위해 헌신하는

• chapter 1. 특수교사로 만난 인연 •

특수교사들을 '세상에서 가장 고귀한 일을 하는 사람들 가운데 하나'라고 생각하고, 결혼생활 초기부터 든든한 협력자이자 진정한 파트너가 되어 주었다.

그 당시 시골 중학교의 학생들 대부분이 가정 형편이 어려웠다. 내가 어렵게 공부해서인지 형편이 어려운 학생들을 보면 도와주고 싶었다. 부모님이 안 계시고 할머니와 단둘이서 살던 학생에게 참고서를 사주었고, 학생들의 간식과 학용품을 사서 날랐다. 그 모습에 감동한 남편은 적극적으로 동참해 주었다. 직접 말을 하지 않아도 기회가 되면 학생들에게 줄 과자나 작은 선물들을 챙겨왔다.

1991년 군산명화학교로 발령이 났다. 다음 해에 남편도 나를 따라서 대전 본사에서 '군산공업용수 사무소'로 이동했다. 그곳에 있을 때 어느 날 소장님과 상의하여 명화학교의 중학생들을 위해 회사 버스를 제공해 주었다. 학생들을 위해 도시락과 간식을 준비하여 부여박물관과 낙화암 등을 구경시켜 주었고, 학생들을 위해 실내 농구대도 설치해 주었다.

1997년 전주선화학교로 옮겨 6년을 근무하는 동안에도 많은 도움을 주었다. 남편은 당시 완주군 고산에 있는 '수자원공사 전주권 관리단'에서 근무했다. 내가 맡은 전공과 학생들과 완주군 고산에 있는 그곳으로 현장학습을 갔을 때의 일이 기억난다. 연세가 많으신 남자 선생님께서 남편에게 인사를 겸해 이렇게 말을 건넸다.

"처가가 강릉이신가요?"

뜬금없는 물음에 남편은 무슨 말인지 몰라 멍하고 있었다.

"최 선생님이 신사임당이라서 강릉을 처가로 알고 있거든요."

그제야 말뜻을 이해하고 모두 한바탕 웃었다. 그날, 남편의 동료 직원들도 우리 아이들을 따뜻하게 대했고 아이들의 돌발행동도 웃으면서 받아주셨다.

2004년 3월 전주은화학교로 왔다. 봄방학 시기에 학교를 이동하거나 교실을 옮기게 되면 남편은 하루 휴가를 내어 '우렁이 신랑'이 되어 교실 대청소와 교구들, 전선 등을 깔끔하게 정리해 주었다.

그때쯤 수자원공사에서 생수를 생산하여 필요한 곳에 보내는 사업을 시작했는데, 은화학교의 체육대회, 현장학습, 야영대회 등 각종 행사 때마다 도움을 받았다. 부안댐에 근무할 때는 고등부 학생들이 부안댐에서 현장학습을 진행할 수 있도록 도와주었다. 날씨가 더워 도시락이 상해 식중독 염려가 있다는 것을 알고는 햄버거와 컵라면을 준비해 주었다.

그 해 우리 반 여학생 한 명이 장애인시설에서 다녔는데, 사전에 말도 없이 갑자기 멀리 있는 시설로 옮겨 전학을 갔다. 얼굴도 안 보고 가버렸다. 자꾸 생각나고 보고 싶어 멀리 고산에 있는 시설까지 찾아갔으나 선생님을 만나면 적응하기 힘들다며 면회가 어렵다고 하여 그냥 돌아와야 했던 적이 있었다. 그때도 남편이 함께 가주었다.

2010년 군산여상으로 갔을 때다. 주5일 근무제를 도입하며 회사원인 남편은 토요일마다 쉬었고 학교는 격주로 쉬었는데, 내가 출근하는 토요일이면 퇴근 시간에 맞추어 군산에 와주었다. 오면서 우리 반 학생들을 위해 빵, 아이스크림 등을 준비해서 가져왔다. 그 일이 몇 번 반복되자 토요일이면 아이들이 "아저씨 언제 와요?" 하면서 기다렸다.

5월에 군산여상 전교생이 극기훈련을 갈 때 교감 선생님께서 특수학급 학생들은 위험하다며 따로 현장학습을 실시했으면 하셨다. 계획을 세우면서 남편에게 3일 중 하루만 수자원공사에서 책임져 달라고 부탁했다.

부안댐 소장님께서 작은 미니버스를 군산까지 보내주셨다. 그 차를 타고 부안댐, 내소사, 새만금 기념관 등을 견학시켜 주었다. 그때 함께했던 보건 선생님과 지도사 선생님이 남편 덕분에 호사를 누렸다면서 지금도 만나면 이야기하신다.

  2011년 다시 전주은화학교로 왔다. 남편은 전처럼 짐을 옮겨준 후 에어컨 필터까지 청소해 주었고 흩어져 있는 컴퓨터 선들도 깔끔하게 정리해 주었다. 지나가던 교감 선생님이 보시고는 남편에게 이렇게 도와주시니 고맙다고 하셨다.
  기숙사 사감을 맡은 지 몇 달 후에는 반가운 소식을 전해주었다. 회사와 부안댐 직원들이 모은 소외 계층을 위해 쓰려고 마련한 '나눔 마일리지'를 남편이 회사에 적극 추천하여 우리 기숙사생들을 위해 쓰기로 했다고 했다.
  6월 어느 날 직원들 20명과 함께 피자, 통닭 등을 준비해서 기숙사를 방문했다. 직원들은 학교 운동장에서 학생들과 축구도 하고 농구도 하면서 아이들에게 즐거운 시간을 만들어 주었다. 그때 아이들이 행복해하는 모습을 보면서 수자원공사 사장님께 감사 편지를 썼고, 소식이 사보에 실리기도 했다.
  2012년에 호남지역 지적장애인 직업기능대회와 전국장애인 기능대회에 나간다고 한 학생을 평일에는 저녁 9시까지, 토요일, 일요일에도 지도했다. 남편은 간식과 식사를 배달해 주었고, 힘들어하는 나를 대신해 학생을 집까지 귀가시키는 일을 맡아주었다. 사감 부장을 맡은 2년 동안에는 갑자기 학생이 아파 응급실에 갈 때도 함께해 주었다.

2016년, 학생 중에 '분노조절장애'로 도저히 학교생활을 할 수 없어서 '마음사랑병원'에 입원한 아이가 있었다. 아이는 따분하고 심심한 입원 생활을 힘들어하면서 여러 차례 담임에게 전화를 했다.

"선생님! 피자 먹고 싶어요.", "통닭 먹고 싶어요.", "선생님! 보고 싶어요."를 번갈아 듣고 나면 마음이 약한 나는 그냥 넘어가지를 못했다. 혼자서는 '마음사랑병원'에 가는 것이 힘들었을 때 어김없이 남편이 동행했다.

2017년 3월 군산명화학교로 옮겨 고 1학년 담임을 맡았다. 우리 반 학생 중에 특수학급에서 온 남학생이 등교를 거부하여 무단결석이 계속 이어지고 있었다. 가정방문을 꼭 가야 할 상황이었다. 장거리 운전을 힘들어하는 나를 위해 그때도 용담댐에서 조퇴 후 달려와 가정방문을 함께해 주었다.

2020년 새 학년 새 학기가 되어 바뀐 교실에 가보니 교실 벽이 너무 지저분했다. 내가 어수선한 벽을 계속 신경 쓰는 모습을 보고는 주말에 벽에 페인트를 칠해주었다. 교실의 환경판을 간격이 일정하게 못질하여 달아주었고, 사물함과 책장도 다시 배치해 주었다.

같은 해 우리 반 남학생이 엄마 없이 아빠와 남동생, 셋이 살고 있었다. 아빠가 갑자기 교통사고로 입원하셔서 아이 둘만 있게 되었다. 사정이 딱하여 반찬과 라면, 햇반 등을 김치 한 통과 함께 가져다줄 때도 곁에 있었다.

코로나 때는 한동안 학교가 휴교해서 학습지를 매주 가정에 배달해야 했다. 그 일도 파트너가 도와주었다. 몸이 약한 내가 특수교사로 장애 학생들을 위해 동분서주하며 안간힘을 쓰는 모습이 안쓰러워 나의 손과 발이 되어준 것이다.

퇴직하고 보니 남편이 특수교사인 나를 뒷바라지하느라 33년 동안이나 애썼음을 새삼 알게 되었다. 물심양면으로 나를 도와준 남편은 내가 보람된 교직 생활을 마칠 수 있게 해 준 일등 공신이었다.

지루하도록 많은 일들을 열거한 것은 지치지도 않고 등이 되어준 또 한 사람의 특수교사가 있었기 때문에 35년이 가능했다는 이야기를 달리 표현할 방법이 없기 때문이다.

chapter 2

어떤 사랑

살구가 익으면 떠오르는 사랑

해마다 살구가 익는 시절이 되면 그리운 사람이 생각난다. 1989년 7월 첫 아이를 가진 후 입덧이 심해 식사를 제대로 할 수 없었고 과일만 먹어도 토하고 말았다.

영양제를 맞으며 하루하루 힘들게 버티다가 손꼽아 기다리던 여름방학을 맞이했는데, 비가 주룩주룩 내리던 어느 오후, 누군가 집에 찾아왔다. 문을 열어보니 시아버님이 연락도 없이 문 앞에 서 계셨고, 손에는 커다란 짐꾸러미가 들려있었다. 친구분 댁에 가셨다가 잘 익은 살구를 보고 심한 입덧에 고생하고 있는 막내며느리가 생각나서 가져왔다고 하셨다.

아버님은 따뜻한 분이셨다. 시댁은 사과와 배 과수원을 했는데 어느 따뜻한 봄날, 남편과 함께 시댁에 갔더니 아버님이 과수원 일을 마치신 후 흙투성이가 된 신발과 옷을 직접 빨고 계셨다.

"아버님! 제가 할게요."

"아니다. 이렇게 지저분한 빨래는 주인이 하는 것이 제일 좋다."

그 말씀을 듣고 아버님이 참 자상하시고 배려심이 깊은 분임을 느꼈다. 어머니는 과감하고 바깥일을 잘 처리하는 여장부 스타일이셨고, 오히려 아버님이 가정적이고 다정다감하며 잔정이 많으셨다. 치매가 있는 시할아버지를 돌봐 드리는 일도 주로 아버님이 하셨다. 할아버지가 가끔 옷이나 이불에 실수하시면 아버님이 도맡아 깔끔하게 처리하셨다. 어머니를 힘들게 하지 않으려는 배려의 마음도 있으셨겠지만, 힘든 일들을 혼자 묵묵히 감당하시려는 마음을 기본적으로 품고 계셨다.

1990년에 동서 형님과 내가 2월과 3월에 한 달 차이로 아기를 낳았다. 한꺼번에 두 손자를 보시더니 시부모님은 집안에 경사가 났다며 굉장히 좋아하셨다. 그 시절은 육아 휴직이 없었기 때문에 2개월의 산후 휴가가 끝나고 곧바로 출근해야 했는데 아기를 어떻게, 누가 키울 것인지 고민이 많았다. 시부모님께서 도우미 아주머니를 시댁으로 불러 키워주기로 하셨다. 나이를 먹고 이제 생각해 보니 참 고마운 일이었는데 당시는 아기를 떼놓는 일만 속상해서 참 많이도 울며 지냈다.

여름방학에는 아기를 집에서 돌보다가 열이라도 나면 무서워서 다시 시댁으로 들어갔다. 초보 엄마라서 혼자서 아픈 아기를 돌보는 일에 겁이 나고 자신이 없었다. 아버님은 그런 어설픈 며느리를 보고 허허 웃기만 하셨다.

한번은 이런 일이 있었다. 농번기 방학이라서 우리 집에서 아기와 지내다가 주방에서 잠깐 설거지하는 사이에 아기가 손가락을 장식장 모서리에 다쳐서 피가 뚝뚝 떨어졌다. 남편은 출근했고, 혼자만 있는 상황이어서 등에 식은땀이 났다. 남편한테 전화로 상황을 이야기했더니 아기의 다친 손가락을 꽉 쥐고 지혈시켜 보라고 했다. 아기도 울고 엄마도 울고 모두가 눈물범벅이 되었다. 한참 후에도 피는 멈추지 않았다. 울면서 아기를 끌어안고 손가락을 지압하며 병원에 가서 세 바늘이나 꿰맸다. 얼마나 놀랐는지 혼이 다 빠져 한 발짝도 걸을 수가 없었다.

아기를 잘 돌보지 못해서 여린 손가락을 꿰매기까지 했으니 어떻게 시댁 어른들을 뵐 수 있을지 두려웠고, 죄인같이 느껴졌다. 월요일 새벽이 아닌 일요일 저녁에 아기를 데리고 가서 시부모님께 자초지종을 말씀드렸더니 아버님께서 이렇게 말씀하셨다.

"에구 고생했구나. 아기를 키우다 보면 생각지도 않은 일들이 일어나기도 한다. 처음부터 준비된 부모는 없다. 시행착오를 겪으면서 부모도 아기도 성장하는 거지. 너무 걱정하지 말고 내일부터 학교 학생들에게 신경 쓰거라."

아버님의 따뜻한 마음이 깊이 느껴져서 많은 위로를 받았다. 참 속이 깊고 좋은 분이셨다.

아버님은 아기랑 잘 놀아주셨다. 가끔 집안 행사가 있을 때 형님네 조카들이 오면 아기는 자기만의 할아버지인 것처럼 할아버지를 독차지하려고 했다. 할아버지, 할머니랑 함께 살아서 그랬던 것 같다.

당시에는 TV에서 권투 생중계를 많이 했다. 아버님은 권투 경기를 좋아하셔서 빠지지 않고 보셨다. 시청하실 때마다 가만히 안 보시고 반쯤 일어나셔서 마치 아버님이 권투선수처럼 몸을 움직이고 주먹을 뻗으셨다. 그 옆에서 겨우 걸음마를 시작한 아기가 할아버지를 흉내 내며 따라 하는 모습은 정말 귀여웠다. 할아버지가 뒷짐 지고 걸으면 뒷짐을 지고 따라갔고, 할머니한테 뽀뽀하면 그걸 또 따라 했다. 정말 할아버지, 할머니의 사랑을 풍족하게 받으며 자랐다.

1991년 3월 군산명화학교로 발령이 났다. 연무대에서 차편이 좋지 않아 새벽 6시 40분에 익산 가는 직행을 탔고 익산에서 군산행으로 갈아탔다. 군산에 도착해 시내버스를 타고 학교에 출근하면 이미 지쳐서 파김치가 됐다. 그런 생활을 도저히 계속할 수가 없어서 4월에 군산으로 이사를 했다.

요즘 같은 포장이사가 없던 시절이어서 직접 이사를 준비해야 했는데 아버님이 꼼꼼하게 이삿짐을 싸주셨다. 그 무렵 남편도 대전 본사에서 전북지사로 옮겼다. 이사 후 아기와 거리가 멀어져서 주중에 볼 수도 없고 주말에만 가서 잠깐 놀아주는 정도였다. 엄마 노릇을 못 하는 것이 마음에 걸려 5월에 군산으로 아기를 데리고 왔다.

만 1년을 시댁에서 키워주셨는데, 시부모님은 아기가 군산으로 가고 나니 집이 휑하고 허전하다고 하셨다. 하지만 아기도 새로운 환경에 적응해야 하니 보고 싶지만 참는다고 하셨고, 당분간은 우리한테도 오지 말라고 하셨다.

한 달이 지나고 시부모님께서 군산 집에 오셨다. 아기는 말로는 반가움을 표현하지 못했지만 온몸으로 반가움을 표현했다. 할아버지, 할머니를 번갈아 가며 껴안고 볼에 뽀뽀했다. 깡충깡충 춤을 추며 좋아했다. 그 후로 한 달에 한 번 정도 시댁을 방문했다. 아버님은 손자의 장난감을 사놓고 기다리기도 하셨다. 큰 단풍나무에 그네를 만들어 놓고 손자들이 자유롭게 놀게 하셨다. 나무 아래 평상을 만들어 놓고 손주들 노는 모습을 보면서 흐뭇해하셨다.

아버님은 화단의 나무들과 꽃들도 잘 가꾸셨다. 큰 전정가위로 나무를 자르면 어린 손자는 장난감 가위를 가지고 할아버지를 따라서 나뭇잎을 자르는 흉내를 냈다. 할아버지한테 '하지! 하지!' 부르며 따라다니면 환하게 웃으시며 귀여워해 주셨다. 아기는 할아버지 집에 갈 때마다 마음껏 자연과 가까이하면서 큰 사랑을 받으며 행복한 아이로 성장했다. 아이가 세 살이 되었을 때는 손주들을 위해 과수원에 움막을 지어주셨고 과수원이 아이들 웃음소리로 가득 찼다.

아이가 네 살이 된 1월, 치매에 걸리신 할아버지가 돌아가셨다. 아버님은 봄이 되니 시골집이 어머니한테 불편하다며 집을 고치셨다. 화장실과 욕실을 현대식으로 만들고 주방은 싱크대를 새로 교체했다. 그러고는 그해 6월, 갑자기 61세의 젊은 연세에 돌아가셨다. 돌아가실 걸 미리 알고 준비하신 듯이 어머니 혼자서 사시는 데 불편하지 않게 해놓고 가셨다. 아버님께 사랑만 받았는데, 갚을 기회를 주지 않고 그렇게 떠나셨다.

그 후로 어머님 생신상을 몇 번 차려드렸는데 아버님 생신을 우리 집에서 차려드리지 못했던 것이 항상 마음에 걸렸다. 좀 더 상냥하고 살가운 며느리가 되어드리지 못한 것도 그랬다.

네 살 때 할아버지가 돌아가신 것을 보고 아들은 "우리 할아버지는 버스를 타고 하늘나라 가셨어."라고 했다. 그 아이가 지금은 어른이 되었는데도 어릴 적 할아버지가 놀아주셨던 일과 추억을 기억한다. 아버님이 더 오래 사셨다면 좋았을 걸 하는 아쉬움이 많다.

지금도 아버님이 가져다 주셨던 그 살구 맛이 생각난다. 아버님의 사랑도 같이 느껴진다. 지난 설날에는 새로운 가족이 된 며느리를 데리고 아버님 산소에 다녀왔다. 남편도 아버님처럼 며느리에게 따뜻하고 자상하며 손수들에게 너그럽고 인자한 멋진 할아버지가 되었으면 하는 기대의 뒤편에는 늘 아버님의 모습이 있다.

엄마의 눈에 내가 있어요

♥ 첫 아이가 태어났다

1990년 3월에 태어난 첫 아이 민호를 시댁에서 1년 동안 키워 주셨다. 다음 해 군산으로 발령이 나서 시댁인 연무대와 거리가 더 멀어지며 민호를 자주 볼 수가 없게 되어서 돌이 지난 후에 군산 집으로 데려왔다.

'베이비시터'를 여기저기 수소문해 보았지만 쉽게 구해지지 않았다. 동료 선생님의 소개로 유아교육과를 갓 졸업한 선생님이 와 주었다. 할머니 댁에서 귀여움만 받고 응석받이로 자라서 염려가 되었는데 제대로 교육받는 계기가 된 것 같아 마음이 놓였다.

선생님은 먼저 기본 생활 습관이나 예의범절 등을 가르쳐 주었다. 식사 후 양치질하기, 외출 후 손 씻기, 인사하기 등을 조금씩, 반복하면서 몸에 익혀 주었다. 어느 날 퇴근 후 집에 들어섰는데 아장아장 걸어 나온 민호가 배꼽 인사를 했다. 정말 귀엽고 사랑스러웠다.

선생님은 독서 습관도 길들여 주었다. 주말이나 방학 때 틈틈이 책을 읽어주었으나 함께 살지 않았기 때문에 매일매일 책 읽는 습관이 생기지는 않았다. 바쁘신 시부모님께 그런 부담까지 드릴 수는 없었다.

선생님은 민호의 하루를 책 읽기, 그림 그리기, 원목 놀이, 신체 활동, 낮잠 자기, 야외 활동 등으로 정해놓고 다양한 활동을 해주셨다. 선생님과 아빠, 엄마가 아이와 대화할 때 손댓말로 응대하도록 해서 자연스럽게 존댓말도 가르쳤다. 선생님의 지도 덕분에 민호는 책을 좋아하는 아이로 성장했고 어휘력이 풍부해졌다.

선생님은 6개월 정도 있다가 유치원에 취직이 되셨다. 짧은 기간이었지만 그 사이에 민호에게 꽤 많은 좋은 습관을 갖게 해주셔서 지금도 감사한 마음이다. 예상하지 않았던 조기 교육을 받은 셈이다.

그때 만들어진 습관 덕분인지, 민호는 책을 좋아해서 하룻저녁에 10권에서 20권 정도를 읽어주어야 했다. 책을 좋아해서 어린이 도서관처럼 거실에는 책이 가득 쌓여만 갔다. 어느 날 『원숭이와 꽃게』라는 책을 읽었다. 얇은 책이었는데 혼자서 책장을 넘기면서 소리 내어 읽었다. 마치 글을 아는 아이처럼 너무도 자연스럽게 그 행동을 하고 있었다. 가까이 다가가서 물어보니 어머니가 읽어준 내용이 생각난다며 외워서 읽었다. 책이 얇고 글자가 많지는 않았으나 내용을 모두 외워서 말하는 것이 신기했다.

♥ 세 살의 욕

민호가 문장으로 말하기 시작한 세 살 무렵 가족이 차를 타고 가는데 갑자기 뒤따르던 차가 빨리 가라고 경적을 누르며 빵빵거렸다. 차 속이라 들리지는 않았겠지만, 남편이 뒤차 운전자에게 "빵빵거리지 마. 임마!"라고 말했다.

가다가 신호를 만났다. 신호가 바뀌었는데도 앞차가 출발하지 않자 앞차를 향하여 경적을 울렸다. 곧바로 아이가 아빠한테 말했다. "빵빵거리지 마. 임마!"

그 말을 듣고 입을 다물 수 없었다. 이제 겨우 말을 배우는 어린 아이가 욕인지 뭔지도 모르고 아빠를 그대로 따라서 말한 것이다. 이후로 남편은 운전하면서 욕을 하지 않았다.

♥ 네 살의 눈동자

민호가 네 살 때의 어느 날 무릎에 앉혀놓고 서로 눈을 바라보며 조잘조잘 이야기하고 있었다. 아이가 갑자기 엄마의 눈을 더 가까이에서 가만히 들여다보더니 말했다.

"엄마! 엄마의 눈 속에 민호가 있어요."

"그러면 민호의 눈 속에는 엄마가 있겠네?"

"맞아요. 엄마랑 저랑은 마음속에도 있고 눈 속에도 있네요."

"그래. 서로 사랑하니까 마음속에도 있구나."

그날 이후 아들은 가끔 엄마 눈 속의 자신을 확인하기 위해 더 가까이 다가왔다.

가을 어느 날 밤에 우리 가족은 월명공원을 산책했다. 보름달이 휘영청 밝은 밤이었다. 민호가 송송설음을 걸으면서 말했다.

"엄마! 달님이 우리를 따라와요."

"그래? 민호한테 친구하자고 하나 보다."

"그런가 봐요. 제가 멈추었더니 달님도 멈추네요."

"우리 집에 데리고 갈까?"

"안 돼요. 달님 집에서 엄마, 아빠가 기다릴 거예요."

민호는 책을 많이 읽어서인지 상상력도 풍부하고 동화 속에 나오는 이야기 같은 말들을 많이 했다. 당시 가까이에서 민호를 지켜봤던 지인은 아이의 예쁜 말에 감동해 이다음 커서 시인이 될 거라고 말했다.

♥ 할머니를 생각하는 마음

민호가 네 살 때 아버님께서 돌아가시고, 시어머님 혼자 시골에서 생활하고 계셨다. 아버님이 돌아가시고 3개월 후에 둘째인 채원이를 낳아서 네 가족이 되었다. 홀로 계신 어머님을 2주에 한 번씩 주말에 찾아뵈었다.

다섯 살 가을, 어느 일요일 아침에 시어머니께서 다니시는 여산성당으로 연락을 미리 드리지 않고 찾아뵈러 갔다. 성당에 가셨을 거로 생각했는데 할머니의 모습이 보이지 않자 민호는 이리저리 할머니를 찾아다니다가 안 계신 것을 알고는 이렇게 말했다.

"어머니! 할머니 댁에 가봐야겠어요."

"왜?"

"할머니가 편찮으셔서 누워 계실지 모르잖아요."

"그래. 가보자. 할머니를 생각하는 마음이 참 예쁘네."

대문은 굳게 닫혀 있었다. 큰댁에 연락해 보니 서울에 가셨다고 했다. 그 후 어머니와 통화하면서 민호가 한 이야기를 전해드렸다.

"그 어린 것이 어떻게 그런 생각을 했다냐? 할머니를 걱정해 주

다니 기특하기도 하다. 고맙다고 전해주거라."

민호의 애어른 같은 마음에 우리의 마음도 따뜻해졌다.

♥ 유치원 입학

다섯 살이 되어 나운유치원에 입학했다. 민호는 밝고 활기차게 생활하며 친구들도 사귀면서 적응을 잘했다. 하지만 엄마를 닮아서 남자아이인데도 마음이 약하고 눈물이 많았다. 속으로 걱정이 되었다. 나운유치원에서는 '아빠, 엄마' 호칭 대신에 '아버지, 어머니'를 쓰도록 지도했다. 갑자기 등장한 '아버지, 어머니'란 호칭 때문에 나이가 많은 것처럼 느껴졌다. 하지만 교육적으로 좋다고 하니 따를 수밖에.

6월쯤 되었을 때 유치원에서 1박 2일로 캠핑을 떠나게 되었다. 돌이 지난 후 처음 떼놓는 일이라 더 마음이 놓이지 않아 저녁에 몰래 가서 멀리서 활동하는 것을 지켜보고 왔다. 다음 날 유치원에 갔더니 선생님께서 말씀하셨다. 민호가 밤늦도록 뒤척여 이유를 물어보았다고 했다.

"민호야! 친구들은 자는데 왜 안 자고 있어?"

"어머니가 보고 싶어서 잠이 안 와요."

"잠을 자면 꿈나라에서 어머니를 만날 수 있는데."

"아니에요. 우리 어머니는 꿈나라에 안 오세요." 그러면서 한참을 끙끙대다가 잤다고 했다.

♥ 드라마 이야기를 나누는 아이

민호가 다섯 살에서 여섯 살 때(1995년~1996년) KBS 일일드라마로 〈바람은 불어도〉를 방영했다. 무심코 TV를 틀어놓고 보았더니 민호가 만나는 사람마다 물어보았다.

"할머니! 〈바람은 불어도〉 보세요?"

"응, 보고 있지."

"아! 그래요? 우리도 보거든요. 재미있지요?"

그러면서 아는 어른들이 본다고 하면 너무 좋아하면서 드라마 이야기를 했다. 아이가 드라마를 좋아하니 남편과 상의해서 〈바람은 불어도〉가 끝날 때까지만 TV를 보기로 했다. 그 후로는 어린이 프로만 보고 나머지 시간은 TV를 보지 않았다. TV를 멀리하니 자연스럽게 가족 간에 대화도 더 많아지고 책도 많이 읽게 되었다.

민호는 카드놀이를 좋아했다 세계 국기 카드, 교통 표지판 카드, 구구단 카드, 시계 카드, 반대말 카드, 세계 지도 카드 등을 프레쉬 카드로 보여주면 흥미를 갖고 보았다. 날마다 종류별로 10장씩 보여주는데 앞에 카드 한 장을 빼고 다음 카드 한 장을 추가해서 조금씩 변화를 주며 보여주었다.

카드놀이 중에 연상 카드를 특히 더 재미있어했다. 카드를 만들어서 이야기를 꾸며 들려주면서 차례대로 카드를 뒤집어 놓으면 들었던 이야기를 연상해서 카드를 맞추는 놀이였다. 카드를 100장까지 늘려도 지루해하거나 싫증 내지 않고 이야기를 기억하여 차분하게 맞추었다.

어느 날 카드놀이를 모두 끝내고 잠자리에 들면서 말했다.

"어머니! 내일 어떤 카드가 나올지 기대돼요."

"그래. 민호가 카드놀이를 이렇게 좋아하니 어머니도 기분이 참 좋네요. 좋은 꿈 꾸고 잘 자요."

♥ 여섯 살의 인사

민호가 여섯 살 때 바둑교실을 다녔는데 이런 일이 있었다. 어느 날 혼자서 슈퍼에 다녀오다가 멀리 보이는 바둑 선생님을 보고 인사를 했다고 했다. 주변을 잘 살펴보지 않고 인사를 한 후 고개를 들다가 아파트 상가 벽에 튀어나온 날카로운 철근에 이마를 찢겨서 피가 툭툭 떨어진 채로 집에 왔다.

그 모습을 보고 깜짝 놀라 정신이 없었으나 지혈을 한 후 병원에 가서 파상풍 주사와 항생제 주사를 맞았다. 선생님께 인사하다가 그랬다고 하니 혼낼 수도 없는 노릇이었다. 선생님은 못 보고 그냥 가셨다고 했다. 아이를 너무 융통성이 없이 모범생으로만 키웠나 싶었다.

민호가 남자답지 못하고 여리고 순하기만 하여 울기나 하고 상처받을까 염려했는데 성장하면서 씩씩해지고 자기 의사도 분명하게 밝히고 주장도 강해졌다.

♥ 초등학교 입학

민호는 자연 현상이나 새로운 것에 호기심이 많았다. 여덟 살이 되어 초등학교에 입학해야 할 시기인 1997년에 전주로 이사를 왔다. 새로운 환경과 친구들인데도 순조롭게 적응을 잘했다.

그 해 어느 봄날이었다. 직장에서 회식이 있어서 아이들을 돌봐 주시는 이모한테 부탁하고 끝난 후 바쁜 마음으로 집에 왔다. 아이가 울면서 현관 앞으로 나왔다.

친구한테 귀신 이야기를 듣고 와서는 우리 어머니 늦게 오다가 귀신한테 잡혀가면 어떻게 하냐며 걱정이 태산이었다고 했다. 이모한테 어머니를 위해 기도해 달라며 그때까지 계속 걱정했는데 무사히 오니까 안심이 되었는지 울음이 터졌다고 했다.

어머니를 생각해 주는 마음이 고맙기도 했으나 한편으로는 저렇게 마음이 여려서 앞으로 세상을 어떻게 살아가려나 염려가 되었다.

♥ 초등학교 2학년 시절

초등학교 2학년 때는 담임 선생님이 민호가 배려심이 많다고 짝꿍을 특수교육이 필요한 친구와 맺어 주셨다. 민호가 짝꿍 친구를 꼼꼼하게 챙겨주는 모습이 너무나 감동적이었다고 하셨다. 급식할 때 식판도 챙겨주고 생선이 나오면 가시를 발라주었다고 했다. 집에서는 생선의 가시를 바를 줄도 모르던 아이가 도움이 필요한 친구를 위해서 애쓰고 있으니 참 인정이 많은 아이라고 생각했다.

♥ 초등학교 3학년 시절

초등학교 3학년이 끝나가는 12월에 학교에서 불우이웃돕기를 한다고 '동전 모으기'를 했다. 민호가 챙겨달라고 해서 집에 모아둔 돼지 저금통을 뜯어 주었다.

그걸 가져간 걸로 알고 있었는데 며칠 후 민호가 외국 동전까지도 가져갔다고 말했다. 친척들이 해외여행을 다녀오면 언어서 모아놓았던, 민호가 애지중지하는 외국 동전들이었다. 민호 생각으로는 불우이웃돕기에 그것까지 보태고 싶었던 모양이다.

♥ 그렇게 자란 아이

　민호는 그런 일들을 겪고 만들며 성장했다. 부모한테 무엇을 숨기거나 감추지 않고 단순하고 정직한 어린이다운 아들이었다. 그런 아이를 키우면서 우리의 마음도 함께 성장하는 것을 느꼈다. 마음이 따뜻하고 인정이 많아 어른이 되면 착한 목자인 신부님이 되었으면 좋겠다 싶었다.

　어른이 된 지금 시인도 아니고 신부님과도 거리가 먼 화학공학을 전공한 평범한 회사원으로 성실하게 직장을 다니고 있다. 하지만 그 특유의 따뜻함과 공감해 주는 마음으로 어디든 주위의 사람들과 선한 영향력을 주고받으며 살아갈 것으로 믿는다.

까만 아빠는 싫어요

♥ 병치레가 잦았던 둘째

군산에 살던 1993년 9월에 둘째인 딸 채원이를 낳았다. 큰 탈 없이 무럭무럭 잘 자라던 채원이가 7개월이 되었을 때 감기에 걸렸는데 한 달 가까이 소아과를 다녔는데도 완치되지 않았다. 조금 좋아졌다가 다시 심해지기를 반복했다.

결국은 폐렴으로 진행해 입원까지 하게 되었고, 해열제 주사를 맞았는데도 열이 떨어지지 않았다. 이틀 후 몸에 열꽃이 올라오는 것을 보더니 의사 선생님이 홍역도 같이 왔다고 했다. 감기를 계속 달고 있어서 홍역 예방접종을 미처 하지 못한 상황이었다.

후두염까지 겹쳐 그날 밤 아기를 잘 관찰하라고 당부했다. 호흡 곤란이 오면 목에 구멍을 뚫어 호흡기를 꽂아야 한다는 무서운 이야기까지 했다. 전혀 예상하지 못한 청천벽력 같은 이야기를 듣고 혼이 빠진 듯 머릿속이 백지상태가 되었다. 그날 밤 울면서 기도했고 뜬눈으로 밤을 새우며 아기를 지켜보았다.

채원이가 아픈 것이 직장을 다니느라 잘 돌보지 못해서인 것만 같아 죄책감을 떨쳐 버릴 수 없었다. 새벽이 되니 아기의 거친 숨소리가 조금 줄어들었다. 그날이 시아버님 탈상이었는데 아기가 생사를 오가고 있어서 갈 수가 없었다. 남편은 새벽에 아기가 새근새근 자는 모습을 확인하고 시댁에 갔다. 아침에 의사 선생님이 회진할 때 큰 고비를 넘겼다고 해서 가슴을 쓸어내렸다.

입원해 있는 동안 시어머니께서 오셨다. 아기의 힘없고 가냘픈 팔에 주사바늘이 꽂혀있는 것을 보시고 말씀하셨다.

"에미야! 학교 그만두고 애들이나 잘 돌보거라. 그 어린것이 저 지경이 되었으니 쯧쯧."

"어머니! 죄송합니다."

다행히 상태가 호전되어 2주를 입원했다가 퇴원했지만, 그 후로도 채원이가 감기만 걸리면 비상이었다. 군산의 바닷가 날씨와 맞지 않는지 몇 번 더 폐렴에 걸려 입원을 반복했다. 당시는 의료

보험이 1년에 180일만 적용되었는데 병원 진료를 받은 날이 180일이 되었다는 연락을 받기도 했다.

부모가 키우는 건지 병원에서 키우는 건지 알 수 없는, 하루하루가 살얼음판을 걷는 기분이었다. 그러다가 폐렴이 걸릴 때마다 입원하는 것이 너무 버거워 입과 코에 약을 분사하는 의료기를 서울에 주문했다. 그때부터 폐렴에 걸리면 통원치료를 하며 약을 타다가 의료기로 집에서 치료해 주었다.

그때는 코로나 상황도 아니었는데 외출할 때면 마스크가 필수였다. 그 시기의 딸아이 사진을 보면 마스크를 썼거나, 웃음이 없는 표정, 짜증스러운 표정을 지은 것이 많았다. 어린아기가 얼마나 힘들었으면 그랬을까.

그 무렵 시장에서 기관지에 좋다는 호박만 보면 사다가 달여서 달인 물에 분유를 타서 먹였다. 채원이가 먹은 호박이 몇 상자는 족히 넘었을 것이다. 그 덕분인지는 알 수 없지만, 아기는 성장하면서 조금씩 좋아지기 시작했다. 얼굴에 생기도 돌았고 웃는 모습을 보였다.

♥ 자랑하고 싶었던 네 살

채원이는 네 살 때 놀이방을 다녔다. 아이들이 열 명 정도 되었다. 시댁이 연무대에서 과수원을 하여 그해 10월에 손녀딸 친구들의 체험학습을 위해 할머니께서 초대하셨다. 우리 부부는 출근해서 가지 못했고 봉고차로 놀이방 선생님들과 아이들끼리 갔다. 할머니는 넓은 잔디밭에 돗자리를 깔고 아기 손님들을 위한 맛있는 음식들을 차려놓으셨다고 했다. 김밥, 돈가스, 과자, 과일, 떡, 빵, 음료수 등을 맛있게 먹었고 과수원에서 사과, 배, 감 따기도 하여 좋은 체험을 했다고 놀이방에서 고맙다고 했다.

한 달 정도 지난 후, 채원이한테 할머니 댁에 간다고 했더니 울면서 말했다.

"난 안 갈 거야. 나 할머니 싫단 말이야. 잉잉."

"할머니가 왜 싫은지 울지 말고 이야기해 봐."

"친구들하고 갔을 때 할머니가 빨간 열매 따지 말라고 했단 말이야." 하면서 서럽게 울었다.

"그랬구나. 알았어. 다음에 가자."

채원이는 그제야 눈물을 그쳤다. 어머니께 전화로 여쭈어보았더니, 그때 채원이는 친구들을 데리고 할머니 댁에 갔기 때문에 신이 나 있었다고 했다. 친구들과 한창 익어가는 빨간색 남천 열매를 따길래 할머니가 이렇게 이야기했다고 했다. "그 열매는 눈으로 보는 것이지 따는 게 아녜요. 알았지?"

• chapter 2. 어떤 사랑 •

그 후 더 이상 따지 않아서 그냥 넘어갔다고 하셨다. 채원이는 할머니 집이라 자기 마음대로 하고 싶었는데 친구들 앞에서 그 말을 듣고 서운했는지 마음에 담아 꽁하고 있었던 거였다. 그 후 할머니 댁에 갔을 때 할머니가 말씀하셨다.

"할머니가 미안해. 채원이는 친구들에게 자랑하고 싶었는데 그 마음도 몰라주었네. 미안해."

채원이는 그제야 마음이 풀렸는지 웃으면서 알았다고 고개를 끄덕였다.

♥ 유치원 입학

1997년 채원이가 다섯 살 때 발령이 나서 군산에서 전주로 이사를 했다. 딸아이는 좀 성장해서인지, 전주 날씨가 군산보다 온화해서인지 조금씩 기관지가 좋아졌다. 유치원은 미리 지원해 놓은 '우석유치원'에 다녔다. 재미있고 활기차게 다녔는데 어느 날 퇴근했더니 뜻밖의 이야기를 했다.

"엄마! 아빠는 나를 사랑하지 않나 봐."

"왜? 아빠가 채원이를 얼마나 사랑하는데."

"매니큐어도 안 사주잖아. 친구들은 매니큐어를 칠했는데 난 없단 말이야."

"그래? 매니큐어가 칠하고 싶어?"

채원이는 눈물을 글썽이며 고개를 끄덕였다. 그때나 지금이나 손톱 관리에 관심이 없어서 집에 매니큐어가 없었다. 그날 채원이 몰래 남편에게 전화를 걸어 자초지종을 이야기하고 선물을 준비해 오라고 부탁했다. 남편은 퇴근하면서 채원이가 좋아할 만한 일곱 빛깔 무지개색의 매니큐어를 예쁘게 포장해서 가져왔다.

"우리 공주님 어디 있니? 아빠가 예쁜 매니큐어 사왔다."

"진짜? 와! 아빠 최고!"

채원이는 좋아서 아빠를 껴안고 뽀뽀하며 난리가 났다. 그날 밤 자신이 좋아하는 색색으로 손톱에 무지개를 그린 다음 꿈나라에서 무지개 꿈을 꾸었으리라.

♥ 그림 그리기를 좋아한 아이

채원이는 유치원에 가기 전에 집에서 책 읽기보다는 그림 그리기를 더 좋아했다. 젖소를 그리면 젖소의 특징을 살려서 즉석에서 순식간에 그리곤 했다. 미술학원을 가본 적도 없는데 색 표현이 뛰어났다. 미대를 나온 선생님이 그림 그리는 것을 보고는 음악에 절대음감이 있는 것과 같이 미술에는 절대 색감이 있다며 채원이는 그리기에 소질이 있다고 했다.

봄에 유치원에서 전주박물관에서 주최한 '문화재 그리기' 대회에 채원이 작품을 출품했는데 생각지도 않은 특선을 받게 되었다. 박물관에서 토요일에 시상식이 있다고 참석하라는 연락을 받고 예쁜 원피스를 입혀서 온 가족이 행사장에 갔다. 주차장에서 박물관 건물로 걸어가는데 아이가 아빠한테 말했다.

"아빠! 아빠는 좀 떨어져서 와. 아빠가 너무 까매서 창피해요."

우리 가족은 웃을 수밖에 없었다. 남편이 그 무렵 테니스에 빠져 시간만 나면 테니스를 쳤고, 자주 테니스 대회를 나갔기 때문에 얼굴이 새까맣게 탔던 때였다. 그 말을 듣고 남편은 정말 아이와 떨어져서 걸었고, 시상식 중에도 가까이 가지 못했다. 지금은 우리 가족의 재미있는 추억이 되었다.

채원이는 그 후로도 유치원에서 그림 그리기 대회에 나가 자주 상을 받았다. 어쩌다가 상금을 받기도 했고 보온병을 받아 엄마에게 선물하기도 했다. 하지만 우리는 아이가 미술을 전공하는 것을 원하지 않았다.

♥ 이벤트를 좋아한 아이

여섯 살 어느 봄날 채원이가 진지하게 물었다.

"엄마! 우리 유치원에 꼭 한 번만 오면 안 될까?"

"왜? 채원아!"

"다른 친구들 엄마들은 자주 유치원에 온단 말이야. 엄마는 학예회 때만 오고 안 왔잖아. 그러니까 내가 친구들이랑 교실에 있을 때 교실로 한 번만 와주면 좋겠어."

"그렇구나. 그게 소원이라면 한 번은 들어줘야지."

며칠 후 채원이가 원하는 대로 유치원을 방문했다. 아이가 친구들한테 우리 엄마라고 자랑하며 함박웃음을 지었다. 엄마가 직장을 다녀서 가지 못하니 엄마가 오는 친구들이 무척 부러웠고 속상했나 보다. 엄마와 손잡고 집에 오는 동안에도 기분이 좋아 콧노래를 부르며 깡충깡충 춤을 추었다.

남편은 가족들의 기념일이나 특별한 행사에 꽃을 잘 준비했다. 한번은 채원이가 일곱 살이었던 시절, 유치원 여름방학을 한 날이었다. 퇴근한 아빠한테 말했다.

"아빠! 꽃 없어?"

"무슨 꽃? 오늘이 무슨 날인가?"

"아빠! 나 방학 한 날이잖아?"

"아! 그래? 아빠가 준비를 못 했네. 미안해"

남편과 나는 마주 보고 웃으며, 속으로는 채원이가 이벤트를 너무 좋아하면 어쩌나 하는 걱정을 나누었다.

• chapter 2. 어떤 사랑 •

♥ 김차동의 FM 모닝쇼

채원이는 점점 건강해졌고 활발해졌다. 새로운 것을 처음 시도하거나 새로운 환경에 접할 때도 겁을 내지 않고 당차고 거침없이 해냈다.

초등학교에 입학한 후 처음 본 받아쓰기에서 70점을 맞았다. 실망해서 이야기했다.

"채원아! 70점이 뭐니? 엄마가 창피하네."

아빠가 말했다.

"채원이가 어릴 적 폐렴, 홍역, 후두염으로 고생할 때 당신이 건강하게만 해 달라고 기도했잖아. 뭘 더 바라는 거야. 지금 건강해져서 좋기만 한데."

"그때는 그랬지만 지금은 달라졌지. 어느 정도 공부도 잘해야지."

사람의 마음이 간사하다. 건강해진 것만도 감사할 일인데 더 많은 것을 원하고 있는 나를 발견했으니.

2002년 9월 채원이의 생일날이었다. 아침에 가족 모두가 바빠서 간단하게 생일을 축하하고 출근했다. 학교에 왔더니 친한 선생님이 방금 라디오 '김차동의 FM 모닝쇼'에서 김차동 님과 남편이 전화가 연결되어 라디오에 나왔다고 했다. 사랑스러운 딸 윤채원의 생일을 축하한다며 아빠는 섬진강 아저씨라고 했고 딸은 전주 완산서초등학교 3학년이라고 밝혔다고 했다.

당시 남편이 섬진강댐에 근무했는데 출근하면서 방송국에 전화해서 통화가 된 것이었다. 퇴근해서 집에 왔더니 채원이가 상기된 목소리로 말했다.

"엄마! 아빠가 오늘 라디오 진행자와 통화해서 오늘이 내 생일이라고 축하해 달라고 했대. 오늘 하루 종일 학교 선생님들한테도 축하받았고 성당에 갔더니 수녀님도 축하한다고 하셨어."

채원이는 들떠 있었다.

"그랬구나. 아빠한테 감사드려야겠네. 오늘 기분 무지 좋았겠다. 축하를 많이 받았으니 더 착하고 성실하게 생활해야겠네. 맞지?"

"네. 알겠어요. 아빠, 엄마의 바람대로 열심히 노력할게요."

며칠 후에 김차동 님의 손으로 쓴 축하 카드, 축하 꽃바구니, 가족사진 촬영권을 방송국에서 보내주었다. 아빠가 채원이를 위해 해 준 큰 이벤트였다.

가끔 옛날이야기를 하면서 채원이한테 유치원 때 '까만 아빠는 싫어요.'라고 했다는 이야기를 들려주면 멋쩍어하며 피식 웃는다. 어린 마음에 아빠를 좋아하는 만큼 멋지게 보이고 싶어서 그랬겠지.

 이젠 그 딸이 서른이 넘었다. 그런데도 남편은 여전히 '딸바보'로 살아가고 있다.

외계인이 되었던 아이

2004년 첫 아이인 민호가 중학교 2학년이 되었다. 자라는 동안 부모의 말을 잘 따라주었고 수학, 과학 과목에서 뛰어난 성적을 보여 과학고로 진학시켜야겠다고 생각했던 아이였다.

남자아이들은 보통 중학교 2학년 때 사춘기가 온다는데 아들은 언제나 평화롭고 해맑은 모습이었다. 집에 오면 학교에서 있었던 일이며 친구들과의 일들을 도란도란 이야기했다. 꽃을 좋아하는 엄마를 위해 지나가다가 들꽃을 꺾어다 주기도 했고, 용돈을 아껴 특별한 날에는 작은 화분을 선물하기도 했다. 그렇게 아기자기한 아이라서 사춘기를 조용히 지나가려나 싶었다.

중학교 3학년이 되더니 얼굴이 조금씩 변해갔다. 해맑던 아이가 뭔가 불만이 있는 것처럼 조금씩 표정이 일그러져 갔다. 대화도 점점 줄어들었고 대답은 단답식이었으며 자기 방에 들어가 있는 시간이 늘어났다. 그 모든 일들이 사춘기를 알리는 전주곡이었다.

사춘기가 되면서 부모와 아들은 '동상이몽'이 되어갔다. 부모는 과학고를 꿈꾸며 준비해 주길 원했는데 아이는 컴퓨터 게임에 빠져 공부를 열심히 하지 않았다. 학교 성적은 좋았으나 부모가 생각하는 상급학교 진학에 대해서는 별로 관심이 없었다. 아이 생각으로는 이 정도면 잘하는데 부모가 지나친 간섭과 욕심을 내고 있다고 생각했을 것이다. 그렇게 접점 없는 평행선을 걷게 되었다.

5월 중간고사가 끝난 주의 토요일에 아들에게 게임을 하지 말고 공부할 것을 요구했다. 외출 후 저녁 9시쯤 집에 왔더니 아들이 보이지 않았다. 화장대 위에 5장의 긴 편지를 써놓고 집을 나간 것이다.

편지의 요지는, 그동안 시험 보느라 고생했기 때문에 오늘 모처럼 게임을 하려고 친구들과 미리 약속했다고 했다. 하지만 부모님께서는 자기의 의견은 들어보지도 않고 다짜고짜 공부만 하라고 하시니 참 답답하다. 그래서 자기는 PC방에 다녀오겠다며, 부탁드리니 오늘 밤에 자기를 찾으러 다니지 말라, 찾으러 다니시면 더 숨을 것이다. 부모님이 걱정하는 만큼 그런 아이가 아니니 가끔 숨통을 트이게 해줬으면 한다. 부모님이 자신의 진로에 대해 너무 앞서가셔서 힘들다. 로봇이 된 느낌이다. 사실 자신은 과학고를 목표로 많은 것들을 포기하기는 싫다. 많이 노력하고 있으니 너무 염려하지 않으셨으면 한다는 내용이었다.

우리는 그 편지를 읽고 한동안 아무 말도 할 수가 없었다. 아이가 자신이 원하는 것을 논리 정연하게 써서 설득하려고 노력한 흔적이 보였다.

PC방으로 아이를 찾으러 나갈 수가 없었다. 그날 밤 많은 생각들이 잠을 빼앗아 갔다. 새벽 3시쯤 현관문이 열리는 소리가 났지만 자는 척하고 나가지 않았다. 점심 무렵까지 자고 나온 아들은 아무 일도 없었던 듯 편안해 보였다.

"아들! 그래 게임 실컷 했니?"

"네. 재미있게 했어요."

"그래. 네 마음을 헤아려주지 못해 미안해. 가끔은 게임을 하도록 허락해 줄 테니 공기 안 좋은 PC방에서 하지 말고 집에서 해."

"감사합니다. 대신 공부도 열심히 할게요."

우리 집은 다시 평온한 일상으로 돌아왔다. 한편으로는 아들에게 고마웠다. 일이 더 커진 후에 터뜨리는 것보다 부모와 소통하면서 이해시키려고 애쓰는 모습을 보며 남편과 생각을 바꾸기로 했다. 아들의 작은 반란(?)이 욕심을 과감하게 접게 해준 계기가 되었다. 더 이상 과학고 진학에 대해서는 말을 꺼내지 않기로 했다. 엘리트보다는 인성이 반듯한 아이가 되도록 가톨릭 학교인 '해성고'를 보내기로 했다.

그해 가을 어느 날 아이는 자랑하듯이 이야기했다.

"어머니! 제가 뮤직비디오를 만들려고요. SG워너비의 'Timeless'를 개사해서 이렇게 찍으려고요."

보여준 연습장을 보니 개사한 노래에 어울리는 동작을 하나하나 그려서 묘사했다.

"그래? 누구를 찍을 건데?"

"노래 부를 친구와 모델 할 친구한테 짜장면 사주고 섭외했어요. 다음에 작품이 다 되면 보여드릴게요."

"그러렴."

다 완성된 후 학교에서 친구들에게 보여줬더니 대박이 났다고 자랑했다. 아들의 그런 활동이 그리 마음에 들지 않았으나 그냥 눈감아 주었다. 연합고사 준비는 하지 않는 것 같아 속이 새까맣게 타들어 갔다. 부모란 도를 닦는 도인이라는 생각이 들었다.

고등학교 연합고사가 끝난 겨울에 아들은 뮤직비디오 2편을 만든다고 했다. 말리면 숨기고 할 것 같아 태연한 척했다.

"아들! 같이 준비하는 친구들 모두 데리고 와. 어머니가 맛있는 피자랑 통닭 사줄게."

아들 눈이 휘둥그레지면서

"어머니! 왜 그러세요. 친구 어머니들은 우리를 잡아먹으려고 하는데요."

"이번이 마지막인 것 같아서 쫑파티 해주려고 그래."

"네. 이 작업 끝내면 이제 공부할게요."

이렇게 또 한 번의 회오리바람이 지나갔다.

해성고에 입학할 당시에는 성적이 최상위권은 아니라서 심화반에 들어가지 못했다. 첫 모의고사를 봤을 때 수학을 만점 맞으니 수학 선생님이신 담임 선생님께서 교무실로 불렀다고 한다.

"민호야! 이렇게 공부를 잘하는 애가 왜 중3 때는 안 했니?"

"그때는 놀고 컴퓨터 게임 하느라 안 했습니다."

"그랬구나. 앞으로는 게임 끊고 공부에 전념하기로 약속하자."

"네. 알겠습니다."

얼마 후 아들은 심화반에 들어갔다. 하지만 공부만 하는 것은 아

• chapter 2. 어떤 사랑 •

니고 가끔 작은 일탈을 하며 즐겁게 학교생활을 했다. 큰 말썽꾼이 아닌 작은 장난꾸러기였다.

고 1학년 때는 야간 자율학습을 하다가 친구들과 노래방을 다녀오기도 했고, 언젠가는 머리를 박박 밀고 싶다더니 정말 한동안 그렇게 하고 다녔다. 점심시간에 친구들과 만화책을 보다가 걸려서 팬티만 입고 눈 위에서 구르는 벌을 받았다고 했다. 듣고 있던 남편은 재미있는 일이 벌어진 것처럼 호탕하게 웃으며

"민호야! 너 벌써 병영 체험하니? 야! 빡빡머리에 눈 위에서 구르는 것은 군대 가서 해도 돼. 재미있었겠네."

우리 가족은 그 모습을 상상하며 한바탕 웃었다.

아이는 2학년 때 기숙사에 들어갔다. 기숙사에서 돌아온 토요일 아들은 내화 중에

"어머니! 어머니는 저한테 고맙다고 하셔요. 친구들은 집에 가서 부모님과 대화를 안 한대요. 저는 어머니와 이야기 많이 나누잖아요."

"그래, 아들! 정말 고마워"

이렇게 아이는 다시 해맑은 예전의 모습으로 돌아왔다. 잠시 외계인이 되었던 아들을 그냥 놓아주고 믿어주니 되돌아온 것이다.

일요일 저녁 무렵 기숙사에 데려다줄 때면 한 번씩 노래방을 거

쳤다. 노래 부르는 것을 좋아하여 노래방에서 몇 곡 부르고 나면 스트레스가 풀린다고 했다.

고 2학년 여름방학이 올 무렵 토요일에 서울에서 있는 '윤도현 밴드' 공연을 친구들과 보러 간다고 아버지한테 표를 예매해 달라고 했다. 전주에 도착하는 시간이 늦은 저녁이니 친구들을 데리고 우리 집에서 같이 자고 싶다고도 했다. 속은 타들어 갔지만 허락하고, 아침 식사를 뭘 해줄 것인지 고민하고 있었다. 그런데 한 친구 엄마가 못 가게 하여 취소되었다. 다행이다 싶었다. 사실 내 마음도 그 친구 엄마와 같았는데 내색하지 않았을 뿐이었다.

2학년 2학기가 되니 아들은 스스로 알아서 진로를 결정했다. '한일 공동 이공계 학부 유학' 장학생 선발시험을 준비하기로 했다. 목표를 정한 후에 태도가 진지해지고 몰라보게 달라졌다. 전국적으로 100명을 선발하는 시험인데 1차는 각 시도별로 배정된 숫자만큼 뽑은 후 다시 전국적으로 2차 시험을 보는 것이다. 이공계라서 수학, 영어, 물리, 화학 4과목인데 한국과 일본의 교육과정이 달라 학교에서 배우지 않은 부분도 있어서 따로 공부하며 준비했다. 음악 감상을 그렇게 좋아했는데 이어폰 줄을 끊고 무섭게 매진했다. 노력한 만큼 좋은 성적으로 동경공대에 진학해서 학비와 생활비까

• chapter 2. 어떤 사랑 •

지 장학금 혜택을 받으며 다녔다.

몇 년이 지난 후 아들에게

"중3 때 놀았던 거 후회하지 않니?"

"어머니! 후회하지 않아요. 아마도 그때 놀지 못했다면 고등학교 때 놀았을 거예요. 그러니 차라리 중학교 때 다 놀고 고등학교 가서 공부한 것이 낫지요. 그리고 그 무렵 아버지, 어머니가 저를 이해해 주셔서 제가 빗나가지 않은 것 같아요. 믿어주셔서 감사합니다."

아들이 어른이 된 후에도 길을 가다가 아들의 사춘기적 모습을 한 학생들을 만날 때면 피식 웃음이 나온다. 또 주변에서 그 부모님들이 고충을 이야기할 때면 들어주며 다음의 이야기를 해준다.

"사춘기 아이들은 외계인입니다. 건드리지 마시고 한동안은 봐도 못 본 척, 들어도 못 들은 척 대해주세요. 이 또한 지나가니 조바심 내지 마세요. 기다려 주면 얼마 후 제자리로 돌아옵니다."

그 자리에서는 고개를 끄덕이며 수긍은 하겠지만 막상 집에 가서는 몸으로 부대끼며 넘어가겠지. 그러면서 서로에 대해 한 발 물러서서 이해하고 관계가 더욱 단단해지는 거겠지.

부모도 아이들도 시행착오를 겪으며 성장한다. 다시 사춘기 아들을 키우라고 한다면 아마도 처음인 듯 가슴이 두근거리고 쿵쾅거리겠지만.

날개를 가진 아이

♥ 도전하는 아이

아이들이 어릴 때 작은 방 문틀에 실내 그네를 설치해 놓았다. 성격이 조심스럽고 겁이 많았던 민호는 돌 무렵에는 흔들리는 그네에서 떨어질까 무서워서 혼자서는 올라가지 않았다.

둘째 채원이가 돌도 되기 전인 10개월 무렵 어느 날, 어린 아기가 그네에 올라가 있었다. 누가 올려주었나 했지만, 주변에 사람이 없었다. 이상해서 고개를 갸우뚱했는데, 다음날 보니 혼자서 그네에 올라타고 아무 일도 없다는 듯이 재빠르게 뒤돌아 앉았다. 두려워하지 않는 평온한 모습이 정말 신기했다.

채원이는 새로운 것을 시도할 때 겁을 내지 않았다. 말을 배우면서 뭐든지 할 때마다 '내가 할거야, 내가'를 입에 달고 살았다. 스스로 하는 것을 좋아했고 옆에서 도와주거나 거들어 주는 것을 무척 싫어했다.

채원이가 세 살 무렵 민호가 눈높이 학습지를 했다. 선생님이 일주일에 한 번씩 집을 방문했는데, 어느 날 선생님이 오셨을 때 아이들을 돌봐주시는 할머니가 이렇게 말씀하셨다고 했다.

"채원아! 오빠 선생님 오셨다. 인사해야지."

"할머니! 인사 안 할 거야. 오빠 선생님이잖아. 왜 내 선생님은 안 오고."

그렇게 말하고는 토라져서 방에 들어가더니 선생님이 가실 때까지 나오지 않았다고 했다. 채원이는 자기 선생님도 오게 해 달라고 졸랐다. 채원이 정도의 어린아이들이 하는 '눈높이 친구'가 있다고 하여 그다음 주부터 곧바로 시작했다. 채원이는 신이 나서 선생님을 반갑게 맞이했고 내 선생님이라며 자랑하며 따랐다. 오빠가 하는 것이면 뭐든지 자신도 따라 하려고 했고 욕심이 많았다.

민호가 유치원 다닐 때 피아노를 가르쳤는데 스트레스를 받고 싫어하여 결국 중단했다. 악기를 배우면 인생이 풍요롭고 정서적으로 좋을 것 같아 민호가 4학년 때 이번에는 플루트를 하도록 했다. 플루트 선생님이 집으로 방문하여 아들과 내가 함께 배우기로 했으나 나는 소리를 내지 못해 포기했다.

민호 혼자 연주할 차례가 되었을 때 갑자기 채원이가 플루트를 해 보고 싶다고 했다. 선생님은 아직 어리다고 좀 더 큰 다음에 하자고 했지만 그래도 계속 불어보고 싶다고 떼를 썼다. 기회를 주니 소리를 냈다. 초등학교 1학년이 소리를 제법 잘 낸다고 선생님이 칭찬해 주었다. 그때부터 채원이는 초등학교 시절 동안 플루트를 배웠다.

♥ 달리기의 끝

채원이는 씩씩했고 운동신경이 뛰어났다. 아이들이 초등학교 때 둘이서 함께 수영 강습을 받게 한 적이 있었다. 민호는 물을 무서워해 수영을 제대로 하지 못했고 채원이는 물을 좋아해 강사 선생님을 따라 쉽게 배웠다. 항상 새로운 뭔가를 받아들일 준비가 되어 있는 아이였다.

채원이는 초등학교 저학년 때 엄마가 직장 다니는 것을 싫어했다. 전업주부인 친구들 엄마를 부러워했다. 체육대회가 있는 5월 어느 날이었다. 출근하느라 아빠, 엄마가 모두 참석하지 못했다. 청백 계주 선수로 뛴다는 말은 들었지만 어쩔 수 없었다. 퇴근 후 집에 와서 물어보았다.

"채원아! 청백 계주 달리기 어떻게 했어?"

채원이는 뭔가 불편한 얼굴로 말했다.

"내가 이겨서 들어왔는데 아무도 나를 반겨주지 않았어요. 다른 친구들은 엄마들이 오셨는데 나는 혼자였단 말이야. 잉잉."

엄마가 없었던 상황이 다시 떠올랐는지 서럽게 한참을 울었다.

"엄마가 가지 못해서 정말 미안해. 달리기를 이기고 들어왔을 때 아무도 없어서 속상했구나. 그런데 엄마에게도 가르칠 오빠, 언니들이 있어서 갈 수가 없었단다. 채원이가 이해해 주면 안 될까?"

울면서 고개를 끄덕이긴 했으나 어린 마음에 얼마나 속상했을까를 생각하면 지금도 마음이 아프다.

고학년이 되면서 엄마가 직장을 다니면서도 자신들을 위해 최선을 다한다는 것을 알아주었다. 장애인들을 가르치는 특수교사인 것을 자랑스럽게 생각했다.

엄마가 주방 살림에 관심이 많은 것을 알고는 특별한 날에 용돈을 아껴 예쁜 그릇을 선물하기도 했다. 요리할 때면 옆에 와서 도와주고 요리에 관심을 가졌다. 당차고 자기주장이 강했지만 상냥하고 귀여운 딸이었다.

♥ 부모가 모르는 아이의 얼굴

6학년이 끝날 무렵 사춘기가 왔다. 사춘기 특유의 표정이 나타났고 가족들과도 대화가 줄어들었다. 혼자 있는 시간이 늘어났다. 엄마인 나도 변화에 힘들었는데 아빠인 남편은 사랑하는 딸을 안아주지도 못하고 거리를 두어야 하니 더 힘든 눈치였다. 될 수 있으면 간섭과 잔소리를 줄이려고 노력했고 그 시기가 빨리 지나가기를 바랐다.

채원이가 중학교에 들어갈 시기인 2006년에는 핸드폰이 널리 보급되었고 친구들 대부분이 핸드폰을 가지고 있었다. 동아리를 사진반에 들어 사진 촬영도 할 겸 핸드폰을 갖고 싶어 했다. 하지만 고등학생인 오빠도 핸드폰을 갖고 있지 않은 상황이어서, 사달라고 완강하게 떼를 쓰지는 못했다. 대신 오빠한테 푸념을 늘어놓았다.

"오빠는 바보 멍청이야. 핸드폰을 사준다고 해도 왜 싫다고 하는 거냐고? 왜 나까지 핸드폰 없이 살게 하냐고?"

"야! 핸드폰이 뭐가 필요하냐? 어차피 공부하다 보면 핸드폰 쓸 일도 없어. 기숙사에서 부모님께 전화할 일 있을 때는 친구한테 부탁하면 돼. 채원이 너도 핸드폰 있으면 괜히 시간 낭비하니 앞으로 쓸 생각하지 마."

우리는 아이들의 대화를 듣고도 모르는 척 간섭하지 않았다. '아! 저렇게 서로 도와주며 부모 노릇을 해주니 이래서 아이들이 둘은 있어야 되는구나' 싶었다. 그 후 채원이는 핸드폰 대신에 카메라와 문자가 되는 집 전화기를 사달라고 부탁했고 흔쾌히 들어 주었다.

민호가 고등학교 1학년, 채원이가 중학교 1학년 때부터 우리 가족은 봉사활동을 다니기 시작했다. 부모와 함께 봉사활동을 다니면 좋은 추억도 쌓고 인성에도 좋을 거 같아 익산에 있는 장애인 시설인 '작은 자매의 집'으로 다녔다. 한창 사춘기인 채원이가 장애 아이들을 어떻게 대할지 염려도 되었지만 가기 전에 따로 사전 교육을 하지는 않았다.

가족이 땀을 흘리며 대상낭을 열심히 청소한 후, 아이들이 그곳의 아이들과 어울리는 시간을 주었다. 민호는 남자아이들과 공차기도 했고 토끼풀도 뜯었으며 채원이는 여자아이들과 어울렸다. 끝나고 수녀님께 이야기를 들어보니 채원이가 그곳 아이들을 잘 보살펴 주었고 손도 잡고 다니며 잘 놀아주었다고 칭찬하셨다. 걱정하지 않아도 다 알아서 할 수 있음을 깨달았다.

♥ 닮지 않은 것이 만드는 세계

채원이는 다방면에 소질이 있고 골고루 잘하는 편이었으나 끈기와 지구력이 부족했다. 우리가 기대한 만큼 노력하지 않는 것처럼 보였다. 중학교 2학년 때가 사춘기의 절정이었다. 공부보다는 다른 쪽에 관심이 있었고 부모 말은 으레 잔소리로 여겼고 또래 친구들의 말을 우선으로 생각했다.

마음이 타들어 갔다. 채원이가 고생을 모르고 힘든 상황을 겪어 보지 않아서 그러나 싶었다. 그 무렵 한창 '해병대 캠프'가 유행이었다. 채원이도 좋다고 하여 여름방학 때 충남 태안에 있는 그곳으로 가기로 했다. 거기에서 극기 훈련을 하면서 끈기와 인내심이 더 좋아지기를 바라는 마음이었다.

드디어 가는 날이 되었다. 며칠 전부터 준비물을 점검하며 챙겨 주었고 태안까지 데려다 주었다. 캠핑을 계기로 고생을 해 보고 새로운 변화가 오리라 기대했지만, 10일 동안의 지옥 훈련이 힘겨워서 혹시 부모를 원망하지는 않을지 내심 걱정도 되었다.

마침내 끝나는 날이 되어 채원이를 데리러 갔다. 검게 타긴 했으나 우리의 걱정과는 다르게 밝은 얼굴로 나왔다.

"채원아! 고생했다. 그래 해병대 캠프는 어땠어?"

"너무 재미있었어요. 어려운 훈련을 해낼 때마다 성취감이 느껴졌고 스트레스도 풀렸어요. 다음에 또 가고 싶어요."

"그래? 재미있었다니 다행이다. 다음에 또 가는 것은 차차 생각해 보자."

깜짝 놀랐다. 아니 어른들도 싫어하는 힘든 일정인데 재미있다니. 와! 딸이 엄마를 닮지 않았다는 것을 새삼 느꼈다. 엄마는 소심하고 겁이 많고 새로운 환경에 적응하는 것을 힘들어하는데 채원이는 새로운 환경에서 낯선 사람들과 부대끼며 도전하는 것을 두려워하지 않고 거부하지도 않는 아이였다.

부모가 원하는 쪽으로 성장하기를 바라면 안 되겠다는 생각이 들었다. 각자의 성향이 있고 취향이 있는데 엄마 방식대로 성장하기를 원하는 것이 잘못임을 깨닫는 계기가 되었다.

그 후 해병대 캠프를 더 경험하지는 않았지만 뭐든지 채원이가 스스로 알아서 하도록 유도했다. 사춘기도 어느 정도 끝났는지 다시 평온함을 되찾았고 어느새 성심여고의 세라 교복을 입은 멋진 여고생이 되었다.

채원이는 연예인 중에 '비'를 가장 좋아했다. 비의 새 앨범이 나오면 CD를 샀고 비의 브로마이드로 방을 도배했다.

어느 날 야간 자율학습을 마치고 온 채원이가 진지하게 아빠한테 말했다.

"아빠! 6월에 서울 잠실경기장에서 비 콘서트가 있는데 꼭 가보고 싶어요. 티켓이 비싸긴 한데 용돈 모아놓은 것을 보태겠으니 보내주시면 안 될까요? 그리고 혼자 가는 것이 걱정되면 아빠가 따라갔다가 늦은 시간에 끝나니까 함께 내려오면 좋을 거 같은데요. 아빠가 딸 소원을 들어주리라 믿어요."

"그래. 알았어. 아빠가 선물로 티켓 끊어주고 집에서 갈 때부터 올 때까지 너의 보디가드가 되어줄게."

채원이는 아빠한테 고맙다며 사춘기가 온 후 몇 년 만에 뽀뽀를 했다. 남편은 딸의 생각지도 못한 기습 뽀뽀에 놀라서 눈이 휘둥그레졌다. 마치 멀리 떠났던 딸이 돌아온 것처럼 좋아했다. 그날 이후 아빠와 딸은 새로운 추억을 만들어서인지 서로 더 가까워졌다.

♥ 손을 들지 않았지만

채원이가 가톨릭 학교인 성심여고를 다닐 때 한 신부님이 특강 때 어른이 되어서 엄마처럼 살고 싶은 사람 손 들어보라고 하셨다고 했다. 자신은 손을 못 들었다고 했다. 엄마처럼 희생하고 헌신하며 살 자신이 없어서라고 했다. 엄마가 우리 가족을 위해 얼마나 애쓰시는지 안다며 고맙다고 꼭 껴안아 주었다. 딸이 엄마를 이해하고 알아주는 마음이 기특해서 눈물이 고였다. 채원이는 그렇게 철이 들어갔다.

　채원이는 자아가 강한 아이였다. 강압적으로 이끌었다거나 권위적으로 대했다면 뛰쳐나갔을지도 모른다. 우리도 시행착오를 겪으며 채원이의 특성을 인정하고 받아주며 함께 성장했다고 믿는다.

　지금은 호기심 많고 도전적인 자신의 특성을 살려 독일에서 당당한 한국인으로 큰 몫을 해내며 멋지게 살아가고 있다.

뜻밖의 위로

우리 집에는 '희망'이 있다. 온 가족이 모이면 희망이 덕분에 웃음꽃을 피우고 모두 희망이를 쫓아다니며 재롱을 보기 위해 하나가 된다. 희망이는 우리 가족을 하나로 연결해 주는 보석 같은 새로운 고리가 되었다.

2017년, 아이들이 학업을 위해 집을 떠났고 남편도 출퇴근이 어려운 나주로 발령이 났다. 처음으로 아이들 없이 남편과는 주말부부로 평일에는 혼자서 생활하게 되었다. 갑자기 찾아온 큰 변화에 적응하기 어려웠다. 한여름 열기에 시든 풀처럼 생기가 없어졌고, 조금씩 의욕을 잃어갔다. 맛있게 먹어 줄 가족이 곁에 없으니 좋아하는 요리도 하기 싫었고, 자주 동굴 속으로 빨려 들어가는 느낌이었다.

외롭게 혼자서 지내는 엄마가 안쓰러웠는지 채원이가 말동무해 줄 반려견을 입양하자고 여러 차례 권했다. 처음에는 완강하게 거부했다.

"지금까지 직장 다니며 너희들 키우느라 힘들었는데 왜 다시 사서 고생하니? 엄마는 관심이 없어."

"엄마! 엄마 혼자 지내면 우울증도 올 수 있고 안 좋아요. 그러니 정말 부탁인데 다시 생각해 봐요."

"강아지 키울 돈이면 불우이웃 돕기를 할 거야."

"엄마! 그렇게 생각하면 안 되고 가족들의 빈자리를 강이지기 채워준다고 생각하세요."

몇십 번의 권유에도 별 반응 없이 시큰둥했다가 몇 개월 동안 계속 이어진 끈질긴 설득에 넘어가고 말았다. 좋아하는 강아지를 말해보라고 해서 작고 순한 하얀색 몰티즈가 좋다고 했다.

채원이가 인터넷으로 청주의 어느 가정집에 그런 아이가 있다는 정보를 알아냈다. 채원이는 가정견이 정서적으로도 안정되어 있고 건강하다며 가정견을 고집했다.

청주의 견주와 미리 약속을 잡아 12월 2일에 강아지를 만나러 갔다. 세 아이가 우리를 기다리고 있었다. 한 아이는 너무 활동적이고 씩씩했고 다른 아이는 약간 힘이 없고 약해 보였다. 세 번째 아이는 얌전하고 순했는데 내게 가까이 다가와 무릎에 앉더니 떨어지질 않았다.

주 보호자인 나에게 선택권이 주어졌고, 무릎에 앉아 눈까지 맞추는 순둥순둥한 아이를 선택하지 않을 수 없었다. 미리 이름을 지어가서 '희망'이라고 불러주었다. 아이가 "저 좀 데려가 주세요!"라고 말하는 것으로 느꼈기 때문이었을까. 사람 사이에도 인연이 있듯이 사람과 반려동물 사이에도 인연이 있나 보다.

희망이는 9월에 태어나서 3개월이 지난 12월에 우리 집에 왔다. 강아지들이 태어난 후 3개월 정도 엄마와 살다가 떨어져야 사회성도 배우고 배변 처리도 잘한다고 희망이 주인이 알려주었다.

희망이는 집에 온 첫날부터 배변 패드에 볼일을 보았다. 정말 신기했다. 몇 번을 칭찬하며 간식을 주었더니 습관이 되어 '응가'를 한 후 마치 개선장군처럼 경쾌한 발소리를 내며 빙글빙글 춤을 추었다. 하얗고 복슬복슬한 털로 뒤덮인 작은 몸으로 춤을 추는 모습이 너무나 귀엽고 사랑스러웠다.

• chapter 2. 어떤 사랑 •

희망이에게 처음 사 준 옷은 등에 '막둥이'라는 글씨가 적힌 분홍색 티셔츠였다. 옷을 입혀놓으니 정말 귀여운 막둥이가 된 듯했다. 희망이 패드, 간식, 사료, 샴푸 등 용품들을 사면서 강아지를 키우게 되었다는 것을 제대로 실감했다.

희망이를 데리고 오기 위해 앞장선 채원이는 예쁜 분홍색 집을, 민호는 예쁘고 앙증맞은 밥그릇과 귀여운 옷을 선물했다. 그렇게 온 가족의 사랑을 받으며 서서히 한 가족이 되어갔다.

강아지를 키운다고 했을 때 남편은 달갑지 않은 눈치였지만 주말부부로 혼자 지내는 아내를 위해 받아들였다. 하지만 희망이가 와서 집안 분위기를 밝게 해주었고 주말에 집에 올 때마다 작고 앙증맞은 모습으로 꼬리를 흔들며 반겨주니 점점 마음을 열고 예뻐하기 시작했다.

방석 위에 누워있는 희망이에게 가까이 다가가면 희망이는 한쪽 다리를 살짝 들며 배를 내놓았다. 집에 적응이 되어 편안한 마음이기에 배를 만져달라고 하는 듯했다. 보들보들한 뱃살을 만지며 부드러운 분홍색 발바닥을 보면 깨물어 주고 싶을 정도로 귀여웠다.

퇴근 후 현관문을 열면 기다렸다는 듯이 뛰어나와 반가워했다. 꼬리가 떨어지듯이 격하게 맞이해 주는 희망이를 보면 얼굴에 저절로 미소가 지어졌다. 이야기 상대가 생겨 혼자 생활하고 있다는 느낌이 줄어들었고, 아이를 돌보면서 조금씩 생기를 되찾아 갔다. 무엇보다 내 손길이 필요한 희망이가 옆에 있다는 사실이 활력소가 되어주었다.

희망이의 부드러운 털을 만지고 있으면 세상 근심이 사라지는 듯했고 힐링이 되었다. 가끔 가슴에 폭 안겨 해맑은 눈으로 눈맞춤을 하고 있으면 아기를 안고 있는 것 같은 착각을 일으켰다.

겨울방학을 해서 집에 온 채원이가 진지하게 말했다.

"엄마! 수의대에 다니는 선배한테 알아봤는데 애완견에게 중성화 수술을 하는 것은 필수라고 하네요. 중성화 수술을 하면 건강을 유지해 주고 가장 큰 이점은 암 발생 확률을 낮추어 준다고 해요. 희망이가 고생하면서 아기 낳는 것을 엄마가 원하지 않으면, 6개월 무렵에 중성화 수술을 해야 좋다고 하니 빨리 계획을 세워야겠어요."

"그래? 엄마는 반려견을 키울 때 필요한 사전 지식이 너무 부족하네. 맞아. 희망이가 너무 작아서 아기 낳다가 혹시나 무슨 일이 생길까 봐 엄마는 싫어. 그런데 저 어린 희망이를 어떻게 수술시켜야 할지 걱정이다."

"수술 후 엄마 혼자 보살피기 힘들고 게다가 낮에 희망이 혼자 있어야 하니까 수술 후 실밥을 제거할 때까지 며칠 입원시켜요. 시간

맞추어 약도 발라 주고 약도 먹여야 하니까요. 상처를 핥지 못하도록 넥카라를 해 주고 수시로 돌봐야 한대요."

"그래야겠다. 3월에 수술하면 엄마는 신학기라서 바빠서 정신이 없으니까. 알았어. 동물병원을 잘 알아보고 예약할게."

전주에 있는 동물병원에서 3월 중순에 중성화 수술을 했는데, 희망이가 입원해 있는 동안 집이 텅 빈 것 같았다. 수술 후 10일 정도 지난 후, 실밥을 풀고 드디어 집에 왔다. 얇은 배에 있는 수술 자국을 보니 눈물이 핑 돌았다. 그 후에도 상처 부위를 핥을까 봐 한동안 넥카라를 하고 있었다. 한 달 정도 지나니 새살이 돋아났고 컨디션도 정상으로 돌아왔다.

퇴근 후 집 밖에 혼자 나가는 것을 싫어했지만 종일 혼자서 집에 있었을 희망이를 위해 산책을 했다. 그 아이가 나를 집 밖으로 나가도록 이끌어 준 셈이다. 산책을 함께 가면 혼자 가는 것보다는 한결 든든했고 마음도 더 편안해졌다.

월명공원 산책길에서 만난 사람들이 희망이를 보면서 자주 말을 걸어왔다. 혼자 다닐 때는 낯선 누군가와 대화를 나누는 일이 거의 없었다.

"정말 예쁘네요", "진짜 인형 같아요", "순하게 생겼네요" 칭찬하면 마치 아이들이 칭찬받은 것처럼 기분이 좋아졌다. 가끔 "강아지가 주인을 닮았네요." 하면 괜히 어깨가 으쓱해졌다.

2킬로그램밖에 되지 않는 작은 아이지만, 잠을 잘 때는 거실에서 엄마를 지켜주는 씩씩한 경비병같이 느껴져 한결 든든했다. 혼자서 자는 무서운 밤에 큰 몫을 해주었다.

희망이를 키우면서 핸드폰의 사진 갤러리가 온통 희망이 사진으로 가득해졌다. 미용을 한 후나 뭔가 새롭고 귀여운 행동을 하면 사진을 찍었고, 마음이 울적하거나 속상한 일이 있을 때 희망이 사진을 보며 위로를 받았다. 깜찍한 모습의 사진을 보고 있으면 마법을 부리듯이 마음이 환해졌다.

희망이가 오고 3년쯤 지난 2020년 7월에 두 번째 대상포진이 오고 그 후유증으로 병원에 입원했다. 처음 남편이 면회를 왔을 때 병이 힘에 겨워 무표정으로 대했더니 다음날부터 희망이를 데리고 왔다. 코로나 때문에 정식 면회가 안 되던 때여서 잠깐 차 안에서 만나는 정도였지만 아이를 보면 얼굴이 밝아지는 것을 느꼈는지 입원해 있는 두 달 동안 하루도 빠트리지 않고 매일 데리고 왔다.

희망이한테 위로를 받고 그 덕분에 회복이 빨라져 퇴원했다. 퇴원은 했으나 지속적인 치료가 필요해서 병 휴직을 했다. 갑자기 직장도 나갈 수 없는 환자 신세가 되어 우울해졌고 코로나로 지인들도 만나지 못하는 고립된 생활을 한 시기였다. 외롭게 투병했던 그때 희망이가 곁에서 나의 수호천사가 되어주었고, 크나큰 '뜻밖의 위로'가 되어주었다.

이런 일도 있었다. 어느 날 TV를 보다가 안타까운 사연 때문에 흐느꼈더니 희망이가 곧바로 달려와서 어루만지며 달래주었다. 훌쩍이는 모습을 안쓰러워하며 어쩔 줄 몰라 했다. '와! 사람과 동물 사이도 이렇게 깊이 교감이 되는구나'하고 실감했고, 희망이가 더욱 소중하게 느껴졌다.

희망이는 참을성 있게 기다릴 줄 안다. 가족들이 식사할 때면 보채지 않고 식사가 끝날 때까지 같은 자리에 앉아 얌전히 기다린다. 간식을 주면서 "감사합니다."라고 말하면 고개를 꾸벅하며 인사를 하고 먹기 시작한다. 그 모습을 보고 가깝게 지내는 마리아가 웃으며 "언니는 강아지한테도 예의를 가르치네요."라고 했다.

희망이를 위해 수제 간식을 준비하고 노즈 워크를 위해 간식을 숨기며 준비하는 일이 귀찮다는 생각이 들지 않는다. 산책 후 발을 씻기는 일, 양치질을 시키는 일, 목욕시키는 일도 즐거운 마음으로 한다. 한 가족이 되었다는 마음의 증거일 것이다.

아침에 일어나 희망이의 경쾌한 발소리를 들으면 기분이 좋아지고 집안 분위기도 밝아진다. "가자!" 소리를 알아듣고 빙글빙글 춤을 추는 모습, 함께 외출하려 할 때 예쁜 옷을 찾아와서 빨리 입혀 달라고 옷에 머리를 넣고 앞발을 드는 모습 등 하나하나가 사랑스럽다.

희망이가 말썽을 피우는 일은 말린 빨래를 걷어다 놓으면 신이 나서 굴을 파기도 하고 개어놓은 옷들을 흩어 놓는 것과 가끔 화장지가 가까이 있을 때 물어뜯어 놓는 정도다. 그마저도 귀여우니 희망이한테 폭 빠진 것 같다.

희망이와 우리는 끝없이 서로의 언어를 배우고 있다. 개들은 언어가 없으리라는 생각은 인간중심의 사고다. 개들이 언어를 갖고 있다는 생각은 몽테뉴(1533~1592)의 『수상록』에 등장하는데, 『사물의 본성에 관하여』를 저술한 그리스 철학자 루크레티우스(기원전 99~기원전 55)의 말을 인용해 놓고 있다. 서로를 이해하려면 모든 것을 인정해야 한다.

희망이를 이해하려고 노력하는 한편으로, 그 아이와 우리 모두를 위해서 절제된 생활도 필요하기에 희망이가 너무 무리한 요구를 하거나 화장지를 찢어 놓거나 하면 "안 돼!"라고 단호하게 말하기도 한다.

희망이의 애교를 보고 있으면 마음이 무장해제 된다. 놀아달라고 할 때는 등에 와서 어부바를 한다. 밖에서 갑자기 시끄러운 소리가 들리면 무서운지 안아달라고 매달린다. 옷을 입히거나 간식을 먹일 때 빨리 주지 않으면 옆에서 툭툭 팔을 친다. 간식 먹고 싶을 때는 앞에 와서 우리가 예쁘다고 하는 '우쭈쭈'를 하며 몸을 스트레칭하고 가끔 희망이의 필살기인 혀를 살짝 내놓는 귀여운 표정을 짓기도 한다.

　희망이를 떠올리는 것으로도 마음이 따뜻해지고 위로받는다. 인생의 어느 한 부분을 희망이가 가득 채워주고 있다. 지금처럼 단짝으로 서로의 마음을 알아주고 계속 함께 살아가고 싶다.

보리 사랑 희망이

    2017년 군산으로 발령이 난 후 한 해 동안 전주에서 통근했다. 나이 탓인지 몸에 무리가 왔고 몹시 힘들어서 2018년 2월 군산명화학교 옆으로 이사를 했다. 아파트 위쪽으로 월명공원이 있어서 희망이와 산책도 할 수 있고 학교와도 가까워 최적의 조건이라 생각되었다.
    아이들도 없고 남편도 용담댐에 근무하여 주말부부로 지내고 있었기 때문에 외딴섬에 와 있는 기분이었지만 3월과 4월은 학교가 바쁜 시기라서 정신없이 지나갔다.
    날씨가 따뜻해진 5월 어느 날 퇴근 후 희망이를 산책시키기 위해 학교 안의 뒤편 넓은 곳에 목줄 없이 내려놓았다. 목줄을 하면 전혀 움직이지를 않아 우선 걸어보게 하려는 거였다. 목줄이 없어서인지 작은 몸으로 종종걸음을 하며 바쁘게 따라다녔다. 잘 걷는 것을 보고 반경을 조금씩 넓혀 나갔다. 밖에 나와서 걷는 것은 처음이었고 새로운 경험을 해서 좋았는지 걸음도 조금씩 빨라지며 뛰어다녔다.

어느 순간, 당연히 나를 따라오려니 했는데 잠깐 사이에 후문 밑으로 빠져나가고 있었다. 갑자기 머릿속이 하얘졌다. "희망아! 희망아!" 불렀지만 전혀 들리지 않는 것처럼 나가버렸다.

담을 뛰어넘을 수도 없었고 후문은 자물쇠로 굳게 닫혀 있어서 어찌할 바를 몰랐다. 정문까지 가려면 60m쯤 되니 정문으로 나갔다 돌아서 오면 120m인데 그 사이에 차가 다니는 큰길로 나간다면 어쩌나 싶어 발걸음이 떨어지지 않았다.

진땀이 났다. 뛰어가면서 뒤를 돌아보니 희망이가 후문 밑으로 다시 들어오고 있었다. 달려가서 덥석 끌어안고 흐느꼈다. 아이는 영문도 모르고 품에 안겼다. 무슨 일이 생길까 가슴을 졸였는데 무사히 다시 돌아와 줬으니 정말 감사한 일이었다. 그 일을 겪은 후에는 목줄을 하지 않고는 절대 밖에 나가지 않았다.

어느 여름날 해가 질 무렵 희망이를 데리고 학교에 가서 산책 훈련을 했다. 교문에서 학교 안으로 들어올 때는 잘 걷지 않았다. 하지만 교문을 향해 갈 때는 집에 가는 방향이어서인지 제법 잘 걸었다. 들어올 때는 안고 갔고 나갈 때는 걸어갔다.

운동장을 돌고 계시던 할머니가 말씀하셨다.

"강아지를 계속 걷게 해야지 왜 자꾸 안았다가 내려놓는 거요?"

"우리 강아지가 산책 습관이 잘 안 되어 한 방향만 걸어서요."

"그래? 내가 혼내 줘야겠네. 어디 내려놔 보소."

바닥에 내려놓았더니 할머니께서

"이 녀석! 왜 안 걸어? 어서 가! 어서 가! 안 가면 궁뎅이 맞을 줄 알아!" 하며 따라다니셨다.

할머니 목소리가 무서웠는지 마구 달리기 시작했다. 할머니가 몇 번을 혼내면서 쫓으셨더니 그 뒤로는 잘 걸어 다녔다. 할머니 덕분에 희망이가 산책을 잘하게 되었다고 감사 인사를 드렸다. 강아지를 훈련시킬 때는 단호함이나 절제된 명령어가 필요했는데 처음 강아지를 키우는 나에게는 부족했나 보다.

희망이는 미용 스트레스가 심했다. 우리 집에 와서 했던 첫 미용이 안 좋은 기억으로 자리잡아 트라우마가 생겼다. 아이가 온 지한 달쯤 지나니 털이 많이 자라서 얼굴을 덮고 밤벌레처럼 지저분했다. 출근해야 하는 날이라서 남편에게 날씨가 추우니 가위 컷으로 미용해 달라고 부탁했다. 퇴근하여 집에 돌아왔더니, 미용사가 가위 컷은 못 한다고 하여 바리깡으로 몸을 모두 밀어버린 뒤였다.

낯선 곳에서, 낯선 사람이 소리 나는 기계로 제 몸에서 털을 자른 일이 엄청난 스트레스로 작용했던 것 같다. 미용 후 일주일 동안 밥도 먹지 않고 집에서 나오지도 않았다. 그 뒤로도 미용만 하면 식욕이 없고 우울해했다. 미용 스트레스를 줄여주기 위해 군산으로 이사한 후에도 평소에 다녔던 전주의 미용실을 이용했다.

한번은 서울에 있는 딸아이가 와서 집 가까이에 있는 애견미용실을 다녀오더니 흥미로운 정보를 들려주었다.

"엄마! 근처에 있는 보리네 애견미용실에 갔더니 주인아주머니가 엄청 친절하고 따뜻한 분이세요. 강아지 미용도 아이의 기분을 맞추며 한다고 하셨고 호텔링은 집에 데리고 가서 집에서 자기네 강아지처럼 돌봐준대요. 앞으로 가까이에 있는 보리네로 다니면 좋겠어요. 엄마가 언제 희망이 데리고 놀러 가봐요."

며칠 후 희망이를 데리고 그곳에 갔더니 주인댁의 강아지인 갈색 푸들 '보리'가 있었다. 여섯 살이었는데 순했고 사람들을 잘 따랐다. 희망이를 처음 보았는데도 경계하지 않았고 따뜻한 눈빛으로 맞이해 주었다. 나보다 몇 살 아래로 보이는 원장님도 인상이 좋아보였고 희망이를 무척 살갑게 대해주었다. 강아지들을 예뻐하는 마음이 진심으로 느껴졌다.

어느 날 보리네랑 월명공원에서 산책을 했다. 처음 가보는 장소라서 희망이가 처음에는 주저주저하더니 보리가 가는 것을 보고 따라갔다. 보리 덕분에 낯선 곳인데도 쉽게 산책하게 되었다.

희망이가 드디어 그곳에서 첫 미용을 했다. 미용 스트레스가 있다고 했더니 아이의 상태에 맞추어 간식도 먹여가며 서두르지 않고 천천히 하겠다고 말했다. 다른 곳에서 할 때보다 스트레스를 덜 받았고 컨디션도 빨리 회복되었다.

우리는 자주 만나 놀기도 했고 산책하며 더 친해졌다. 희망이는 보리를 엄마처럼 따랐고 보리도 희망이를 자식처럼 돌봐주었다. 우리는 강아지들끼리 놀게 한 후에 까페도 갔고 가끔 맛있는 식사도 했다.

가을 어느 날 1박 2일의 친구들 모임에 가기 위해 희망이를 처음으로 보리네 집에 맡겼다. 처음이라 어떨지 걱정했는데 보리가 흔쾌히 자기 방석을 양보했고, 희망이는 보리의 '따라쟁이'가 되어서 보리가 하는 대로 따라서 했다고 했다. 할아버지, 할머니가 계셨는데 희망이가 어찌나 애교가 많은지 강아지를 예뻐하지 않는 할아버지가 처음으로 강아지를 침대에 올려놓으셨다고 했다. 대소변도 잘 가리고 밤에도 조용히 잘 자서 엄청 귀여움을 받았다고 했다.

다음 날 찾으러 갔더니 할머니께서 웃으시며 희망이는 말썽도 안 피우고 예쁜 아이니 더 오래 있어도 괜찮다고 하셨다. 온 가족의 귀여움을 받는 좋은 곳에 맡긴 것 같아 마음이 놓였다.

군산에는 가족이 없어서 외로웠는데 강아지들과 함께 산책하며 어울릴 수 있는 보리네가 있어서 정말 좋았다. 보리네 엄마도 사귈수록 마음이 따뜻하고 배려심이 깊은 분임을 알게 되었다.

2019년 봄 어느 날 희망이의 미용을 맡기고 집에 갔다가 미용이 끝났다는 전화를 받고 갔더니 보리 엄마가 가슴을 쓸어내리며 말했다.

"희망이 엄마! 희망이 잃어버릴 뻔했어요."

"왜요? 밖으로 나갔어요?"

"아니요. 어떤 아줌마가 덩치가 큰 말티즈를 데리고 왔는데 희망이를 보자마자 작고 예쁘다고 난리가 났어요. 다들 희망이는 예쁘다, 귀엽다고 하니까 그러려니 했는데 그분이 나간 후에 보니 데리고 온 자기 강아지는 놔두고 희망이가 없는 거예요. 곧바로 쫓아가서 보니 담요로 뒤집어씌워 데리고 가고 있었어요. '아줌마! 지금 뭐하는 겁니까? 왜 남의 강아지를 데리고 가요?' 했더니 모르고 그랬다고 하더군요. 얼마나 놀랐는지 몰라요."

듣고 있던 나도 깜짝 놀랐다. 뭐 이런 일이 있나 싶었다. 아니 남의 아기가 예쁘다고 자기 아기를 버리고 바꿔 치기를 하다니. 괜히 희망이한테 야단을 쳤다.

"희망아! 낯선 사람이 데리고 가면 사납게 짖든지, '앙'하고 물어야지 가만히 있었어?"

그런 일이 있고 난 후 보리 엄마는 희망이가 가면 잠시 자리를 비울 때도 문을 잠그고 다닌다고 했다.

보리네한테 희망이를 맡기면 사람이 없어도 보리가 알아서 보살펴 준다고 했다. 보리는 다른 강아지들이 옆에 오면 싫어하며 으르렁거리는데 희망이에게는 자신의 모든 영역을 내준다고 했다. 희망이가 너무나 작고 순해서 보호본능이 발동했을까. 아니면 보호자끼리 친하니까 강아지들도 친하게 지내고 싶어서였을까.

희망이는 덩치가 큰 강아지들이 오면 보리 옆에 바짝 붙어서 꼼짝을 안 한다고 했다. 보리를 많이 의지하는 것 같았다. 보리는 참 영리했다. 신기하게도 강아지가 노래를 불렀다. 옆에서 노래를 불

• chapter 2. 어떤 사랑 •

러주면 따라서 '워~워~'하며 목청을 높여 소리를 냈다. 누군가가 보리 엄마를 야단치는 흉내를 내면 주인을 보호해야겠다는 생각이 드는지 야단친 사람을 향해 으르렁거렸다. 보리 엄마가 마트에 갈 때 마트 입구에서 "기다려!" 하면 올 때까지 기다리고 있었다.

코로나로 외출이 어렵고 힘들었던 시기에도 우리는 월명공원에서 만나 산책을 즐겼다. 공원에서 산책하는 보리와 희망이를 보면 사람들이 많이 예뻐했다. 마치 월명공원의 마스코트 같았다. 그렇게 함께 지내다가 2022년 명퇴 후 전주로 이사를 한다고 했더니 보리 엄마가 정이 들었는데 서운해서 어떻게 하냐며 눈가가 촉촉해졌다. 우리 부부가 퇴직하여 시간적인 여유가 있으니 계속 보리네로 미용하러 다니겠다고 했다. 보리 엄마만큼 희망이에 대해 잘 알고 예뻐하는 분이 없다고 말했더니 보리 엄마가 고맙다며 눈물을 글썽거렸다.

그해 5월에 15일 동안 제주도에 갈 때와 여름에 6일 동안 강원도에 갈 때에도 희망이를 안심하고 맡기고 다녀왔다. 눈치 안 보고 자기 집처럼 활발하게 생활하고 엄마처럼 보살펴 주는 보리네 가족이 있기에 가능했다.

이사한 후로도 우리는 가끔 통화를 하며 아이들 안부를 묻기도

하고 미용하러 다니며 계속 관계를 이어가고 있다. 희망이에게 '보리 언니'를 말하면 귀를 쫑긋 세우고 꼬리를 흔든다. 보리도 '희망이' 말만 나오면 문 앞에서 기다린다고 했다.

며칠 후에 보리네로 희망이 미용을 가려고 예약했다. 보리와 희망이는 만나면 이산가족 상봉하듯 꼬리가 떨어지게 반가워한다. 전생에 엄마와 딸이었나 보다.

우리도 만날 때마다 가족처럼 반가워하며 식사도 한다. 보리랑 보리 엄마가 건강해서 앞으로도 계속 희망이의 든든한 보호자가 되어주었으면 좋겠다.

chapter 3

믿음이 만든 인연

이상한 첫사랑과 끝사랑

누구나 마음속에 아련한 첫사랑이 있다. 이루어지기 그토록 어렵다는 첫사랑이 내게도 있었고, 가끔은 마음 깊숙이 있는 그 추억을 꺼내어 떠올릴 때가 있다. 여고 시절 잠깐 스쳐 지나간 작은 인연이었다.

내가 살던 논산에는 가톨릭 학교가 2개 있었다. 남학교인 대건중·고등학교, 여학교인 쌘뽈여자중·고등학교였다. 두 학교는 같은 미션스쿨이라서 교류가 있었고 남다른 형제애도 있었다. 모교인 쌘뽈여중, 쌘뽈여고는 수녀님이 교장 선생님이셨고 선생님 중에 수녀님이 많아서인지 규율과 교칙이 매우 엄했다.

1977년 3월, 중학교에 입학하여 입학식 미사를 위해 처음 성당에 들어갔을 때, 거룩하고 엄숙한 분위기에 깊은 인상을 받았다. 마음이 평화로워지는 느낌이 참 좋았다. 곧바로 예비자 교리반에 들어갔고, 중학교 1학년 때 율리안나라는 세례명으로 천주교 신자가 되었다. 그 후 신부님, 수녀님들의 사랑 속에서 행복한 학창시절을 보냈다. 신앙의 힘 덕분인지 성당 학생회 활동과 봉사활동도 열심히 하며 사춘기도 없이 무난히 잘 지나갔다. 가톨릭 분위기에 젖어들고 수녀님들과 가까이에서 생활하며 수녀원에 가고 싶은 꿈도 키워갔다.

1981년 고등학교 2학년 가을 무렵의 어느 날, 성당에 갔더니 맨 앞자리에 낯선 남학생 5명이 있었다. 신부님이 되기 위해 서울에서 소신학교(신부님이 되기 위해 다니는 고등학교)를 다녔던 대전교구의 고2 신학생 5명이 서울의 소신학교가 없어지면서 가톨릭 학교인 대건고등학교로 전학을 온 것이었다.

남학생들은 성당 안에 있는 사제관에서 생활했고 자연히 쌘뽈 여학생들 눈에 자주 띄게 되었다. 신학생에 대한 막연한 신비감이 있어서인지 여학생들이 관심을 가졌고, 말 한마디라도 건네보고 싶어했다. 성당 다니는 몇몇 친구들은 성당에서 가끔 그들을 만나기도 했고, 여고생들의 화제에 자주 오르내렸다. 하지만 수녀가 될 마음을 먹고 있었던 나는 이성에 전혀 관심이 없었다.

막바지 공부에 바빴던 1982년 고3 시절의 10월 어느 토요일 오후, 성당 앞을 지나가고 있었는데 멀리에서 신학생들이 갖고 놀던 공이 갑자기 나에게 날아왔다. '어떻게 해야 하나' 고민하는 중에 신학생 중 한 명이 달려와서 말을 건넸다.
"안녕하세요? 오늘 저녁 6시에 요한이 여기 느티나무 아래서 할 이야기가 있다고 나오래요."
"아니, 저는 뭐 잘못한 것이 없는데요."
"하여간에 뭔가 전할 말이 있나 봐요."
그 말을 남기고 신학생은 사라졌고, 머리가 복잡해지면서 멍해졌다.
6시에 느티나무 아래로 나갔더니, 나를 보자고 했던 요한이라는 신학생은 내가 할 이야기가 있다고 해서 나왔다고 했다. 짓궂은 다른 남학생들이 장난을 친 거였다. 속았다는 것을 알고 어색하게 서 있다가 내가 말을 이었다.
"지금은 학력고사 준비로 열심히 공부할 때이니 당분간 모르는 사이로 지내요."
요한도 알았다고 하고 헤어졌다. 그 후 성당에서 어쩌다가 마주

쳐도 그냥 눈인사만 하고 지나쳤다.

학력고사가 끝나자 공부하느라 수고했다고 성당 수녀님께서 신학생들과 친구들을 빵집에 데리고 가셨다. 여럿이 모인 자리여서 개인적인 이야기를 나눌 분위기는 아니었다. 그 후 겨울방학이 얼마 남지 않은 몹시 추웠던 어느 날 딱 한 번 둘이 만나 이야기를 나누었다. 우리는 주로 신앙에 관한 이야기를 했다. 신부가 되고 싶다, 수녀가 되고 싶다는 대화였다. 당시에는 요한이 철부지 동생 정도로 생각되었다.

겨울방학이 되어 요한은 조치원(현재는 세종시) 집으로 떠났고, 2월이 되어 학교에 갔더니 다섯 명의 남학생들이 모두 신학교에 낙방했다는 소문이 들렸다. 1983년, 나는 공주사대에 입학했고, 성당 친구로부터 요한이 재수한다는 이야기를 들었지만, 서로 연락을 할 수 있는 상황은 아니었다. 1984년 3월, 개강하여 학교에 갔는데 서울에서 편지 한 통이 와 있었다. 요한으로부터 온, 서울 신학대학에 입학했다는 내용이었다. 좋은 사제가 되라는 축하의 답장을 보내고는 끝이었다.

대학을 졸업하고 전라북도로 발령받았고, 몇 년 뒤 결혼했고, 아이들 육아에 정신이 없어 까맣게 잊고 살았다. 어쩌다 새내기 신부님들을 볼 때면 '지금쯤 요한도 신부님이 되었을까?' 하는 생각이 들기는 했으나 소식을 알 수는 없었다.

세월이 조금 더 흐른 후, 전주의 '바오로딸' 서점에 갔을 때 여러 신부님의 강론집이 있어서 펼쳐보았는데, 그 안에 요한의 이름이 있어 신부님이 된 줄 알게 되었다. 남편에게 옛날이야기를 했더니 찾아뵙자고 했으나 용기가 나지 않았다. 멀리서 기도해 주고 응원하는 것이 맞겠다고 생각했다.

2010년 7월 대전ME 주말에 참석한 전주ME 선배님을 격려해 드리기 위해 대전을 방문했다. 그런데 까마득히 잊고 있었던 그 요한 신부님이 ME를 수강하러 오신 것이 아닌가? 28년이란 세월이 지났고, 제대로 사귄 것도 아니어서 얼굴은 기억에서 사라졌지만 이름을 보고 금방 알아볼 수 있었다.

내가 먼저 아는 척을 했다.

"신부님! 오래전에 쌘뽈여고 졸업한 율리안나입니다."

"아! 내 첫사랑!"

그곳에 함께 있었던 다른 신부님과 부부들이 이야기를 듣고 모두 놀라워했다. 신부님이 남편과 인사를 나누었고 서로 고맙다고 했다. 그냥 스쳐 지나간 인연이라고 생각했는데 그렇게 우연한 기회에 다시 이어졌다. 그 후로 일 년에 두 번 정도는 남편과 함께 신부님을 찾아가고 있다.

딸아이에게 그 이야기를 들려주었더니 이렇게 말했다.

"엄마는 결혼 잘한 줄 아세요. 어떤 남편이 자기 아내의 첫사랑을 같이 만나러 다닌대요. 아빠니까 그렇게 하지요."

천안에서 성당을 짓게 되었을 때, 어느 날 신부님께서 신축 헌금 이야기를 꺼내셨다. 신자들께 돈 이야기는 하기 싫은데 성당 신축 때문에 할 수밖에 없게 되었다고, 지옥에 갈 것 같다고 하셨다. 남편과 상의해 신축 헌금을 조금 보내드렸더니 성당 축성식에 우리 부부를 초대하셨다. 2012년 1월 어느 날 축성식 미사가 있었다. 행사가 끝나고 가려던 참에 신부님께서 주교님께 인사드리고 가라고 붙잡으셨고, 대전교구 유흥식 라자로 주교님께 우리 부부를 소개했다.

"주교님! 고3 때 저의 첫사랑이었고 짝사랑했던 율리안나입니다. 여기는 남편 스테파노이고요."

인사를 받은 주교님께서 밝게 웃으시며 답했다.

"자매님! 그때 우리 신부 안 꼬시고 훌륭한 신부 되게 해 주어 감사합니다. 그러니까 이렇게 좋은 남편을 만난 겁니다. 맹 신부님이 그때는 맹했는지 몰라도 지금은 명합니다."

대전교구 주교님께 생각지도 않았던 뜻밖의 감사 인사를 받고는 얼굴이 빨개져서 행사장을 빠져나왔다.

성당을 지으신 후 재충전을 위해 2012년 일 년 동안 안식년을 낸 후 여수에 머물고 계셨던 신부님께서 12월 마지막 날 저녁에 남편과 통화를 하셨다.

"스테파노 형제님! 내일 새해 첫날 여수 향일암에서 해돋이 보고 싶으면 율리안나랑 같이 오세요."

남편과 함께 대충 짐을 챙겨 곧장 여수로 향했고, 새벽 일찍 신부님을 만나 신부님이 준비하신 따뜻한 차와 떡을 가지고 향일암 주변의 산에 올랐다. 앞에는 신부님, 뒤에는 남편이 걷고 있는데 신부님께서 뒤돌아보면서 말씀하셨다.

"앞에는 첫사랑, 뒤에는 끝사랑이 가고 있네요."

새해 첫 해돋이를 그렇게 셋이 맞이하고 있다는 사실이 믿기지 않았다.

신부님과 남편은 만나면 가끔 내 흉(몸도 약한데 너무 완벽을 추구하는 성격이라는 둥)을 보기도 했고, 정원에 심을 꽃들과 나무들도 서로 가져다 주면서 형제처럼 친해졌다. 사람 좋아하고 소탈한 면이 서로 닮기도 했다. 신부님은 우리 아이들을 위해 기도해 주시고 남편은 당뇨가 있는 신부님의 건강을 걱정하며 가끔 필요한 걸 챙겨드린다. 남편은 지인들에게 자랑거리처럼 신부님에 대해 종종 이야기를 꺼낸다.

고등학교 시절에는 신부님이 동생처럼 보였지만 지금은 나보다 한참 성숙한 어른처럼 보인다. 사제로서 많은 이들의 존경을 받으며 착한 목자로 살아가는 모습이 고귀하고 아름답게 느껴진다. 서로의 가는 길을 축복하며 첫사랑과 끝사랑이 이어지는 삶을 계속 살게 될 것이다.

소중한 유산

 35년 전 눈발이 날리던 1989년 2월 11일, 우리 부부는 많은 이들의 축복 속에 논산 부창동 성당에서 결혼식을 올렸다. 당시 남편은 가톨릭 신자가 아니었는데도 성당에서 결혼식을 하고 싶다는 내 제안을 흔쾌히 받아주었다.

 천주교 예식은 통상의 결혼식과 예법이 달라서 결혼식을 준비하는 절차부터가 번거롭고 귀찮았을 텐데도 잘 따라주었고, 자녀들을 신앙 안에서 자랄 수 있도록 노력하겠다고 신부님과 약속까지 했다.

 그 후 태어난 아들, 딸은 자연스럽게 유아세례를 받고 성당에 다녔다. 아들 민호가 유치원 다닐 시기에는 군산에 살았다. 당시 같은 유치원에 다니는 친구 진욱이가 같은 아파트에 살고 있었는데 둘도 없는 단짝이었다. 서로 성격이 온순하고 차분하며 자기주장이 강하지 않아 싸우지 않고 잘 지냈다.

진욱이도 엄마가 직장을 다녔고, 우리 집에는 아이들을 돌봐주시는 할머니가 계셔서 유치원이 끝나면 대부분 우리 집에 와서 놀곤 했다. 아파트가 내가 근무하고 있던 '명화학교' 앞에 있었기 때문에 가끔 학교로 놀러 올 때도 있었다. 당시는 방과후학교를 시행하지 않은 시절이어서 학생들이 모두 하교한 후였기 때문에 방해가 되지는 않았다.

아이는 본관 2층에 올라와서 나를 찾았다.
"어머니! 어디 계세요?"
소리를 듣고 나가보면 민호와 진욱이가 와있었다. 두 아이는 선생님들께 예의 바르게 인사도 잘했고 존댓말도 깍듯하게 해서 이쁨을 많이 받았다. 인사를 마치고 나면 운동장 놀이터에서 둘이서 신나게 놀다가 집으로 돌아가곤 했다.

둘째 채원이는 진욱이 오빠만 집에 오면 깡충깡충 춤을 추며 그렇게 좋아했다. 진욱이도 막내라서 어린 채원이를 친동생처럼 예뻐하며 놀아주었다. 어느 날 민호와 진욱이가 장난감으로 성을 쌓았는데 채원이가 그것을 무너뜨려 민호가 채원이에게 짜증을 냈다. 그러자 진욱이가 말했다.

"민호야! 동생이 아직 아기라서 그런 거지. 앞으로 동생한테 또 화내면 나 놀러 안 올 거야."

"알았어. 앞으로는 안 그럴게."

둘의 대화를 가만히 들으며, 아이들이 저렇게 어울려 놀면서 사회성이 자라는구나, 하는 생각이 들었다.

그 무렵 채원이가 아직 어려서, 토요일 오후에 민호를 성당의 어린이 미사에 데리고 다니는 일이 쉽지 않았는데, 마침 진욱이네도 성당을 다녀서 초등학생 누나가 토요일이면 진욱이와 민호를 어린이 미사에 데리고 다녔다. 1997년 2월 전주로 이사 오기 전까지 그 누나가 한결같이 보호자 역할을 해주었다. 정말 고마웠다.

전주 효자동으로 이사한 후 먼저 한 일은 근처 성당을 알아보는 일이었다. 효자동 성당으로 갔더니 우리가 사는 아파트는 용머리 성당 관할 구역이라고 하여 용머리 성당으로 갔다. 당시 용머리 성당은 효자동 성당에서 분가하여 성당을 짓고 있었다. 민호는 새로운 성당인데도 낯설어하거나 주저하지 않고 친구들을 사귀고 신부님, 수녀님, 교리 선생님도 잘 따르며 성당을 즐겁게 다녔다. 순수한 어린이가 어른보다 적응력이 좋은 것을 그때 새삼 깨달았다.

아이들은 신부님, 수녀님, 많은 성당 교우들의 사랑 속에서, 또 성당이라는 대가족의 울타리 안에서 구김살 없이 밝게 성장했다. 남편도 결혼한 지 8년쯤 지난 같은 해 가을, 스스로 예비자 교리반에 들어갔다. 다음 해인 1998년 4월 부활절 전야 미사 때 새로 부임하신 박기준 신부님께 세례를 받아 온 가족이 성당에 다니게 되었다. 얼마나 꿈에 그리던 모습인지.

그 후 우리의 주례 신부님께서 그 소식을 듣고는 남편에게 물어 보셨다.

"어떻게 성당에 다니게 되었어요?"

"아내의 헌신하고 봉사하는 삶 자체가 저에게 감동이었습니다." 라는 남편의 대답에 신부님께서는 흐뭇한 미소를 지으셨다.

부부가 함께 성당에 다니면서 ME(부부일치운동)주말을 다녀온 후 ME 봉사를 하게 되었다. 가끔 각 가정으로 다니는 '다리과정'을 하다 보면 늦게 귀가할 때가 있었다. 민호가 4학년이던 어느 날 잠을 자지 못하고 기다렸다가 심각한 얼굴로 말했다.

"아버지, 어머니! ME 봉사 안 하시면 안 돼요? 그거 안하고도 그냥 잘 사시면 되잖아요." 하며 눈물을 흘렸다.

알고 보니 동생 채원이는 오빠가 있어서 편히 잠이 들었는데 민호는 동생을 지켜야 한다는 책임감 때문에 잠을 못 자고 있었다. 우리는 며칠을 고민하다가 본당신부님께 상의를 드렸고 신부님께서는 걱정하지 말라고 하셨다.

며칠 후 성당을 다녀온 아들이 "아버지! 어머니! ME 봉사 그냥 하세요."라는 말로 우릴 놀라게 했다. 신부님께서 아들을 따로 만나 "너희에게도 아버지, 어머니가 필요하지? 하느님한테도 너희 부모님이 필요하단다. 이 세상을 좀 더 밝고 행복하게 하려면 누군가가 하느님의 일을 해야 한단다. 조금만 아버지, 어머니를 양보하면 안 되겠니?" 하셨다고 한다.

아들은 신부님 말씀을 이해했는지 그 뒤로는 부모가 봉사하는 ME가 좋은 일이라고 여기고 부모님의 부재에서 오는 불편함도 감수하고 잘 참아 주었다. 그 후 우리 부부는 20년 동안 ME 봉사를 이어갔다.

둘째 채원이는 초등학생 때, 체육대회나 현장학습을 다녀오면 가끔 피곤하다고 학원을 빠지고 싶어 했다. 전화를 걸어 "엄마! 오늘 힘들어서 학원에 안 가고 싶어요."라고 투정하면, "안 돼! 가야지. 채원이가 다니기로 약속했으니 빠지면 안 되는 거야."라고 답했다. "학원 차 갔는데요."라고 하면, "택시 타고라도 가렴."하고 단호하게 말했다.

　우리 부부는 언제나 아이들에게 성실함을 강조했다. 채원이가 어른이 되어서 하는 말이, 그때는 그런 엄마가 야속했는데 그런 끈기와 성실함이 자신이 성장하는데 자양분이 되었다고 지금은 고맙다고 말했다.

　민호가 고등학교에 들어가면서 봉사활동을 해야 했다. 우리 가족은 민호의 시험이 끝났거나 방학 때면 장애인 시설, 노인시설 등으로 봉사활동을 다녀왔다. 가족이 함께 땀을 흘리며 누군가를 위해 봉사를 한다는 것이 우리 가족을 하나로 이어주는 큰 힘이 되어주었다.

　민호가 대학에 들어가면서 멀리 떠나게 되었는데, "어머니! 제가 대학 가면 채원이와 셋이 봉사활동을 다니실 거예요?"라고 묻길래 "아니, 방학 때 네가 오면 넷이 다닐 거야. 봉사는 어느 시기에만 하는 것이 아니고 평생 하는 거야. 이다음 네가 결혼하면 너의 가족들과도 다녀야지." 했더니 고개를 끄덕였다.

　어느 날 가족이 서울 나들이를 갔다. 기차에서 내렸는데 연로하신 할머니가 큰 보따리를 들고 힘들게 계단을 오르고 계셨다. 남편이 성큼성큼 다가가 무거운 보따리를 들어다 드렸고, 그 모습을 본 민호가 아버지가 참 친절하다며 아버지한테 감화받았다고 했다. 그 후로 자신도 아버지를 따라 지하철이나 버스에서 도움이 필요한 어르신들을 도와드린다고 했다.

어느덧 세월이 빠르게 지나가서 아들, 딸은 어른으로 성장하여 직장생활을 하며 사회에서 당당하게 생활하고 있다. 민호에게는 사귀고 있는 여자친구가 있었는데, 둘 다 나이가 서른이 넘어 2023년 양가에서 결혼 이야기가 오갔다. 민호의 여자친구는 성당에 다니지 않았는데, 남편은 아들에게 "신앙을 강요하지 마라. 아버지도 어머니가 강요했으면 지금도 성당에 안 다녔을지 모른다. 기다려 주면 된다."라고 자주 이야기했다.

결혼식은 처음에 사돈댁이 살고 계신 부산에서 하고 싶어 하셨다. 우리가 성당에서 결혼식을 올리길 원한다는 것을 알고는 사돈댁이 양보하고 배려해주셔서 유서 깊은 전주 전동성당에서 하게 되었다. 우리의 신앙을 존중해 주신 사돈 내외분께 두고두고 깊은 감사를 드린다.

주례 신부님은 남편에게 세례를 주셨고 민호에게 첫영성체를 해주셨으며 아들의 성장 과정을 계속 지켜보신 박기준 신부님이셨다. 신부님께서는 평소에도 우리 부부에게 "아들 반절은 내가 키운 겁니다."라고 하셨던 분이라, 당신 일처럼 좋아하셨다.

 아들이 부모의 뒤를 이어 하느님의 축복 가운데 성당에서 결혼식을 한다는 자체만으로도 감사하고 우리 가정의 가풍을 이어가게 되어 마음이 뿌듯하다. 자녀들에게 과연 어떤 유산을 물려줄 수 있을까 곰곰이 생각해 본다. 오랜 시간에 걸쳐 집필한 시극 『파우스트』를 통해 인간적 욕망 속에서 신앙의 가치와 무게를 어떻게 지킬 것인가를 탐구한 괴테(Johann Wolfgangvon Goethe, 1749~1832)는 "부모가 자녀에게 줄 것은 날개와 뿌리 두 가지"라는 경구를 남겼다고 한다.
 매사에 성실하게 임하는 모습과 나누고 베풀며 이웃과 더불어 사는 모습을 날개로 달아주고 신앙을 뿌리로 물려주고 싶다. 자녀들이 자기 삶의 주인으로 주변에 선한 영향력을 미치면서 행복하고 뜻깊게 살아가기를 기도한다. 몇 년 후 손주들이 생겨 가족이 함께 성당에 나가고, 함께 봉사활동을 다닐 날을 기대해 본다.

성당에서 맺어진 삼총사

♥ 동생을 챙기다

우리 아이들은 어릴 적부터 엄마를 따라서 성당을 다녔다. 1997년 아들이 초등학교 1학년이 될 무렵 군산에서 전주로 이사를 왔다. 처음 가는 성당이라 어색할 텐데도 전혀 내색하지 않고 오래 다닌 것처럼 자연스럽게 다녔다.

그 해 여름성경학교를 시작할 무렵 유치원생들은 너무 어리니 부모님을 동반하라는 공지가 있었다. 하필이면 그해 여름방학에 중등교사 1정 연수가 있어서 시간을 낼 수가 없었다.

엄마가 걱정하는 것을 보고 아들이, "걱정하지 마세요. 제가 동생을 데리고 다닐게요."라고 말했다. 여름성경학교 동안 5살 유치원생 여동생을 어찌나 잘 챙기며 데리고 다녔는지 신부님, 수녀님들이 많은 칭찬을 해주셨다고 했다.

마지막 날 물놀이는 위험해서 어린 딸은 안 보내고 아들 혼자만 보냈다. 그곳에서 교리 교사들과 학사님(신부님이 되기 위해 신학교에 다니는 분)들을 얼마나 놀리며 재미있게 놀았는지 엄마도 모르는 사이에 아들은 어느덧 성당에서 스타가 되어 있었다.

♥ **삼총사**

2학년이 된 1998년 3월이었다. 어느 토요일 날 학교에 다녀오더니 아들이 말했다.

"제 짝꿍 성이가 전학을 왔어요. 좀 친해져서 며칠 전에 성당에 같이 가자고 했더니 엄마한테 물어본다고 했는데, 가도 된다고 했대요. 오늘부터 성이랑 성당에 같이 가기로 했어요."

우리는 생각지도 못한 전교를 민호가 한 것이다. 자연스럽게 아이들은 서로의 집을 오가며 친하게 지냈다. 어느 날 성이네 가족을 우리 집에 초대해서 식사도 했다. 성이는 남동생이 있는데 둘째 채원이와 또래였다. 알고 보니 성이 부모님은 천주교 신자이고 성이와 동생도 유아세례를 받았는데 그 당시는 잠시 쉬고 있다고 했다.

아들이 3학년이 되어 첫영성체를 하는 시기가 되었다. 성이 엄마한테 성이도 같이 했으면 좋겠다고 했더니 그러겠다고 했다. 아이들은 한 달 반 동안 매일 성당을 다니며 교리를 받았다. 그 시간을 통해 두 아이는 더욱 가까워졌고, 엄마들은 엄마들대로 아이들 간식을 준비하며 더욱 친해졌다.

그때 첫영성체를 준비하는 무리 속에 길영이라는 아이가 있었다. 민호, 성이, 길영이가 성당 마당에서 공놀이를 하며 잘 어울렸다. 길영이도 남동생이 있었는데 다른 가정의 둘째들과 또래였다.

큰아이 셋은 첫영성체를 받은 후 복사가 되어 미사 시간 동안 신부님을 도와드렸다. 아이들이 친하게 지내면서 부모들도 자연스럽게 더 친밀감이 느껴졌다. 가끔 세 가족이 모여 식사도 했고 나들이도 다녔다. 아이들은 아이들대로 신이 났고 부모들도 서로 비슷한 연배이고 같은 신앙을 가졌기에 마음이 편안하고 즐거웠다.

♥ 테니스를 함께 배우다

2000년 삼총사가 4학년이 되었다. 남편은 자신이 오랫동안 즐기는 테니스를 큰아이 셋에게 가르쳐주고 싶어 했다. 여름방학이 오기 전에 부모들이 모여 상의했다. 방학 동안 새벽에 남편은 코트를 빌려 세 아이를 가르쳤다.

민호 혼자였다면 싫어했을 수도 있지만 셋이 놀이 형식으로 하니 어울려 놀기도 하면서 테니스를 배웠다. 아이들이 좋아하는 것을 보고 남편이 이 시기에 제대로 배우면 어른이 되어서도 기본기가 탄탄하고 자세가 좋아질 것이라고, 레슨을 이어갔으면 하는 마음을 비쳤다. 부모들도 좋은 기회라며 호응했다.

남편도 자신의 운동을 해야만 되어 방학이 끝난 후에는 코치한테 레슨을 받기로 했다. 아이들은 새벽에 테니스를 친 다음 정신없이 씻고 식사한 후에 학교에 갔지만 누구 하나 불만이 없고 즐거워했다. 새벽에 스스로 일어나서 땀을 뻘뻘 흘리고 오는 아이들이 대견스러웠다.

♥ 세 가족의 도보여행

2002년 6학년 여름방학 때 남편은 아이들과 함께 추억 만들기를 위해 '도보여행'을 하자고 제안했다. 그 무렵 남편이 섬진강댐에 근무했는데 그곳에 직원들을 위한 숙소가 있었다.

세 가족은 전에도 그곳을 방문한 적이 있었다. 경치도 좋고 편안해서 묵기도 좋은 곳이었다. 1박을 하기로 하고, 전날 남편이 출근하면서 식재료, 옷가지 등의 짐들을 미리 가져다 놓았다.

7월 말 불볕더위가 기승을 부리던 날에 12명은 아침에 모여 버스를 타고 신태인으로 갔고, 그날 하루 동안 신태인에서 섬진강댐까지 23km를 걸었다. 모두 같은 모자를 쓰고 생수와 초콜릿, 사탕, 수건 정도만 배낭에 준비했다.

3~4km를 걸은 후 그늘이 있으면 잠깐 휴식을 취한 후 또 걸었다. 남편은 차가 오면 지휘봉을 들고 천천히 가라는 신호를 보냈다. 한여름 뜨거운 태양 아래를 걷느라 덥고 땀도 많이 났지만, 서로를 격려하며 구슬땀을 흘리며 걷고 또 걸었다.

산외면 소재지에 도착한 후 한 식당에서 점심을 먹었다. 그렇게 땀을 흘린 후 먹었더니 닭볶음탕과 밥이 꿀맛이었다. 한낮의 열기 속에 걷는 일은 위험해서 식사 후 식당에 양해를 구하고 낮잠으로 재충전했다.

3시쯤 한낮의 열기가 조금 꺾였을 때 다시 걷기 시작했다. 걷다가 마을에 작은 구멍가게가 나오면 아이들이 좋아하는 과자, 아이스크림 등을 먹으며 당을 보충했다.

드디어 저 멀리에 섬진강댐이 보이기 시작했다. 강바람이 살랑살랑 불어 빨갛게 달구어진 온몸의 열기를 식혀 주었다. 평화로운 강줄기 풍경을 따라 걷다가 섬진강 보를 넘었고, 마침내 해 질 무렵에 목적지에 도착했다. 저녁을 함께 나눈 후 모두 단잠에 빠졌다.

다음 날 아침 식사 후 섬진강댐에서 운암까지 13km를 걷기로 했다. 성이 아빠가 강행군을 한 탓인지 갑자기 허리가 아프다고 하셨고 아이들에게도 너무 무리인 거 같아 계획을 바꾸어 강진까지 7km만 걸었다. 섬진강 강줄기를 따라 걸었던 그 길은 지루하지 않았고 평온한 힐링의 길이었다. 누구 하나 중도 낙오는 없었고 모두가 승리자가 되었다.

강진에서 점심으로 다슬기탕을 한 그릇씩 먹고 버스를 타고 전주로 돌아왔다. 뜨거운 햇볕 아래서 도보여행을 하느라 새까맣게 타고 많이 지쳤건만 세 가족은 또 하나의 추억을 만들고 해냈다는 충만함으로 가득 찼다.

♥ 성장하는 삼총사

세 가족은 삼총사에게 첫영성체 교리를 가르쳐 주셨던 루시아 수녀님께서 마산에 계실 때는 마산을 방문한 후 거제도 여행을 가기도 했고, 수녀님이 충주에 계실 때는 또 찾아뵙고 여주, 남이섬, 소양강댐을 다녀왔다.

삼총사들이 중학교에 들어가면서 바빠지기 시작했다. 초등학교 때만큼 자주 모일 수가 없어서 시험이 끝난 주말에 대둔산, 강천산 등을 갔었다.

2004년 삼총사가 중2가 되었을 때 남편은 다시 아이들을 위한 새로운 이벤트를 하려고 계획을 세웠다. 부모들이 모여 의논했다.

세 아빠가 큰아이 셋만 데리고 2박 3일 지리산 천왕봉을 등산하자는 거였다.

　엄마들과 둘째들은 마지막 날 뱀사골에서 만나기로 했다. 모두가 좋은 추억이 되겠다며 대찬성이었다. 여섯 명이 밥을 해 먹어야 하니 짐이 많았다. 아빠들이 무거운 짐을 자신들의 배낭에 넣었고 아이들도 각자 자기 배낭에 짐을 챙겼다.

　지리산으로 떠나보내고 아무 탈 없이 다녀오기를 기도했다. 저녁에 통화를 했는데 뱀사골 산장에서 잔다고 했다. 민호가 별이 그렇게 많은 것은 처음이라며 밖에 누웠더니 별이 쏟아지는 것 같다고 했다.

　마지막 날 세 가족은 뱀사골 계곡에서 만났다. 환영하러 간 엄마들은 2박 3일 과정을 마치고 온 세 아빠와 세 아들을 뜨겁게 맞았고, 삼총사의 얼굴은 큰일을 해냈다는 자신감으로 빛이 났다.

　이야기를 들어보니 배낭을 메고 각자 힘들게 오르고 있을 때 갑자기 성이의 걸음이 빨라졌다고 했다. 어느 지점까지 가서 성이가 자기 배낭을 놓고 다시 내려오더니 허리가 안 좋은 아빠의 배낭을 대신 메고 갔다고 한다. 몇 번을 아빠를 위해 오르내리며 짐을 날랐다며 모두 칭찬을 했다.

　누가 시킨 것도 아닌데 마음에서 우러나와서 힘든 아빠를 위해 그렇게 하다니 감동이었다. 아빠들이 아들들을 위한 이벤트를 하지 않았다면 아빠를 향한 이런 애틋한 마음도 몰랐으리라.

삼총사들이 중학교 3학년까지는 한 번씩 만났으나 고등학교는 셋이서 모두 다른 학교에 갔고 서로가 바빠서 세 가족이 한자리에 모이기는 쉽지 않았다.

부모들은 아이들 덕분에 성당에서 만나 함께 신앙생활도 하고 아이들과 많은 추억들을 쌓으며 형제들보다도 더 가까운 사이가 되었다.

지금은 사는 곳이 각각 다르지만, 부모들은 한 번씩 모임을 하고 있다. 아이들은 직장 따라서 멀리 타향에 가 있지만 가끔 만나면 조카를 만난 것처럼 반갑다.

나이를 먹으면 추억을 먹고 산다고 하는데 우리도 만날 때마다 옛날 일들을 떠올리며 즐거운 그때를 회상한다.

아름다운 동행

　발걸음마다, 눈길마다 유독 꿈이 뚝뚝 묻어나는 소녀들에게는 많은 것들이 머물다 가지만, 수녀원에 대한 동경도 한 번쯤은 머물다 간다. 천주교 신자로 가까이에서 수녀님들과 생활하다 보면 그분들의 청빈하고 봉사하는 삶에 조금씩 젖어 들고 존경심이 우러나와 더욱 동경하게 된다.

　여고 시절과 대학 시절에는 수녀가 되고 싶었다. 그 당시 인도의 마더 테레사 수녀님의 행적이 널리 알려져, 테레사 수녀님처럼 하느님을 믿고 따르며 가난하고 병든 이들을 위해 봉사하는 삶도 뜻깊은 선택이 되리라고 생각했다. 그래서 학교에 다니면서도 여러 가지 봉사활동에 앞장섰고 홀로 어렵게 살고 계신 할머니 댁을 방문하며 청소도 해드리고 말동무도 되어드렸다. 대학 시절에는 구체적인 장래 계획을 세워 수도원에서 하는 성소(하느님이 자신의 일에 참여하도록 일꾼을 부르시는 일)모임에도 나갔다.

그런데 나의 멘토였고 평소에 존경했던 수녀님께서 수녀원을 나오신 일을 지켜보며, 한동안 깊은 갈등을 겪으며 고민했다. 평생을 헌신하고 봉사하는 수도자의 삶에 자신이 없어졌다.

결국 결혼의 길을 선택하고 지금의 남편을 만나 결혼했지만, 이루지 못한 꿈 때문인지 수녀님들이 더욱 특별한 대상이 되었고 조금이라도 힘이 되어드리고 싶었다.

1989년 결혼하여 논산과 군산에서 살다가 1998년 2월 전주 효자동으로 이사를 왔다. 근처에 있는 용머리성당을 찾아 아이들과 셋이서 성당을 다니게 되었다.

그해 가을 어느 날, 남편이 갑자기 자기도 성당에 다니겠다고 선언했다. 온 가족이 성당에 다니는 것을 간절히 원했던 일이라서 눈물이 핑 돌았다. 남편은 곧바로 '예비자 교리반'에 들어가서 다음해 봄 부활절에 세례를 받았고, 남편의 교리를 가르치신 루시아 수녀님과 우리 가족의 인연이 시작되었다.

수녀님은 남편이 직장 회식 때문에 교리 시간에 좀 늦을라치면 참석한 것만으로도 대단하다며 이해해 주셨고, 우리 가족 4명이 손을 잡고 성당에 가면 그렇게 보기 좋다고 흐뭇하게 바라보셨다. 수녀님은 언제나 신자들에게 다정다감하고 따뜻하셨으며 열정이 넘치셨다.

1999년 민호가 초등학교 3학년이 되어 '첫영성체(세례를 받은 뒤 처음으로 하는 영성체)교리'를 시작했다. 아들이 유아세례를 받았기에 교리를 배운 후에 첫영성체를 할 수 있었는데, 그 교리를 또 루시아 수녀님께서 담당하셨다.

루시아 수녀님께서는 40명이나 되는 어린이들을 따뜻하게 대해 주시고 토라진 아이들은 토닥여 주시면서 이끌어 가셨다. 어머니들한테는 아이들에게 주는 간식을 사서 주지 않고 직접 정성을 들여 만들어 주기를 원하셨다.

7월 초에 있었던 첫영성체 날이 기억난다. 수녀님은 아이들에게 평생 기억에 남을 특별한 축하식을 해 주자고 하시면서 40명 모두에게 어머니들이 직접 만든 케이크를 선물하자고 제안하셨다.

선화학교에서 제과제빵을 하고 있어서 내가 총책임을 맡았다. 가정에서 직접 만들기 어려운 빵과 생크림은 제과점에 주문하고 케이크 장식에 들어갈 생과일, 통조림, 초코렛, 초 등을 준비했다.

짤주머니에 생크림을 넣어 예쁜 모양을 만들고 그 위에 과일과 통조림, 초콜릿 등으로 장식했고 한 명 한 명의 이름을 새겨 넣었다. 축하연을 할 장소는 풍선과 꽃으로 예쁘게 장식했다. 사정상 모든 어머니가 참여할 수 없어서 몇 명의 어머니들이 작업을 했기 때문에 밤 12시가 넘어서야 마무리가 되었다.

드디어 첫영성체 날이 되었다. 40명의 아이들이 눈처럼 새하얀 옷을 입고 성당 뒤편에서부터 입장하는 모습을 보고 가슴이 벅차올랐다. 남자아이들은 빨간 나비넥타이를 했고 여자아이들은 머리에 예쁜 화관을 쓴 모습이 천사 같았다.

예식이 모두 끝나고 축하연을 했다. 어머니들이 예쁘게 장식하고 정성껏 만든 케이크에 촛불을 밝히고 즐거운 분위기 속에서 행사를 마쳤다. 모든 일에 성의를 다하는 수녀님의 열정 덕분이었을 테고, 조금이라도 수녀님을 따라가려던 어머니들의 노력 덕분이었을 것이다.

첫영성체를 마친 어린이들은 한 달 동안의 준비 과정을 마쳐야만 미사 때 신부님을 도와주는 복사를 할 수 있었다. 아이들은 한 달 동안 부모님과 함께 매일 미사에 참여했고, 최종적으로 19명이 신입 복사가 되었다.

기존의 복사들이랑 합치니 복사가 30명이 넘어 용머리성당은 복사 부자가 되었다. 복사들은 성당 제단 위에서 역할을 맡는 것을 자랑스럽게 생각하고 책임감 있게 행동했다.

수녀님은 많은 복사단을 위해 뭐라도 해주고 싶으셔서 '성경 말씀 나누기'를 하자고 교재를 주문하셨다. 아이들을 〈바다반〉과 〈하늘반〉, 두 반으로 나누어 나를 포함한 어머니 4명이 맡아 진행했다. 어린이 미사 후에 진행된 〈성경 말씀 나누기〉를 통해 생각지도 못한 아이들의 기발한 생각과 순수함에 매료되었고 그 시간이 기다려졌던 기억이 새롭다.

얼마 후 수녀님은 아이들을 위하여 어머니들에게 크리스마스와 부활절에는 특별한 간식을 준비하도록 부탁했고, 수녀원과 사제관에서 파티를 열어주었다. 수녀원과 사제관은 마음대로 갈 수가 없는 곳인데 수녀님과 신부님 덕분에 아이들은 특별한 추억을 얻을 수 있었다.

어느 추운 겨울날 수녀님과 상의할 일이 있어서 유치원에 다니는 딸아이를 데리고 수녀원을 방문했다. 아이는 지루했는지 졸려했다. 그 모습을 본 수녀님께서 기꺼이 당신 방의 침대에 눕도록 허락하셨다. 수녀님이 웃으시면서 수녀님방의 첫 손님이니 이 다음 수녀원에 보내라고 말씀하셨다.

2000년인 다음 해 2월 수녀님께서 '종신서원(일생을 마칠 때까지 하느님께 자신을 바치기로 약속하고 다짐하는 행위)'을 준비하기 위해 우리 성당을 떠나셨다.

10일 동안 강릉에 있는 댁으로 휴가를 가신다고 했다. 그때가 봄 방학이라 우리도 성당의 친한 언니네 가족과 강릉, 속초로 2박 3일 일정으로 여행이 예정되어 있었다.

수녀님께 조심스럽게 여행 일정을 이야기하고 강릉에서 만나면 좋겠다고 말씀드렸다. 멀리 강릉에서 수녀님을 만나 오죽헌, 참소리 박물관, 경포대 해수욕장, 설악산 등을 같이 다닐 수가 있었다. 어떻게 약속한 것처럼 그렇게 서로 일정이 일치하고 그 먼 곳에서 수녀님을 만나 여행했는지 지금 생각해도 참 신기한 일이었다.

그 후 수녀님이 '삶의 현장 체험'을 위해 두 달 동안 어느 공장에 취직하여 다닌다고 하셨다. 수녀복이 아닌 사복을 입어야 된다며 걱정하셔서 한 벌은 사고 나머지는 입던 옷을 깨끗하게 손질해 보내드렸다.

2001년 2월 광주에 있는 '사랑의 씨튼수녀회' 본원에서 '종신서원식'이 있었다. '말씀 나누기'를 같이 했던 어머니들을 모시고 함께 다녀왔다. 종신서원 하시는 수녀님들이 일생을 하느님께 바치기로 약속하는 모습을 보면서 가슴이 뭉클했다. 종신서원 후 수녀님은 마산, 충주, 강진, 서울 등 전국 곳곳의 소임지에서 열심히 활동하고 계신다.

　인연은 계속 이어졌다. 아이들이 초, 중학교 다닐 때 성당 다니는 세 가족이 여행을 갔을 때도 수녀님이 계신 마산과 충주를 방문했다.

　자주는 아니지만 가끔 편지로 서로의 소식을 주고받고 서로의 가는 길을 응원하며 기도 안에서 함께 하고 있다. 서로가 바쁘면 일 년, 이 년 정도 소식이 없이 살기도 하지만 항상 그 자리에 있다는 믿음이 있다.

　2015년 여름 어느 날의 꿈에 수녀님 모습이 보였다. 다 낡은 샌들을 신고 있었다. 깨어난 후 남편에게 꿈 이야기를 들려주었다. 남편은 수녀님 신발을 사드리자고 했다.

　통화를 하며 수녀님께 꿈 이야기와 함께 신발을 사드리고 싶다고 하니 극구 사양하시면서 괜찮다고 하셨다. 저희는 이번 기회에 선물을 해야지 마음이 편해질 것 같다고 말씀드렸다.

　몇 번을 거부하시다가 우리 부부를 잘 아니까 말씀드린다고 하시면서, "사실은 멀리 피정 가려고 샌들을 신고 나가다가 현관 앞에서 신발 뒤축이 떨어져 나갔어요. 그래서 구두로 바꾸어 신었는데 구두도 앞볼이 망가져서 결국에는 다른 수녀님의 신발을 빌려 신고 피정을 다녀왔어요." 하시는 것이 아닌가.

수녀님께 그런 일이 있었는데 꿈을 꾸다니 이렇게 통할 수가 있나 싶었다. 수녀님도 놀라워하셨다. 생활비를 아껴 쓰기로 하고 구두를 사서 보내드렸다.

그 후 일 년쯤 지났을 때 갑자기 강진에 계신 수녀님이 보고 싶었다. 남편이 함께 가자고 하여 수녀님과 약속을 잡았다. 오랜만에 수녀님을 만나는 순간, 너무 야위고 힘이 없어 보였다.

수녀님께 여쭈었더니, "얼마 전에 형제들 가운데 가장 가깝게 지내는 여동생이 갑자기 심장마비로 하늘나라로 갔어요. 어린 조카가 있어서 너무나 마음이 아파서 밥도 안 넘어가고 잠도 못 잤더니 몸이 안 좋아졌네요." 하셨다.

어떻게 위로를 해드려야 할지 몰랐으나, 힘들었던 수녀님께 찾아 가기를 정말 잘했다고 생각했다.

지금 수녀님께서는 서울 지역아동센터에서 일하고 계시는데 아직 찾아뵙지는 못했다.

부모님께서 모두 돌아가셨으니 휴가 때 우리 시골집에 오시라고 말씀드렸다. 꼭 오시겠다고 약속하셨지만 아직은 지역아동센터

일로 너무 바빠 휴가를 가시지 못한다고 하셨다.

하느님께로 돌아가신 박완서 작가와 이해인 수녀님이 서로 왕래하면서 친하게 지내셨다고 한다. 생전에 박완서 작가님은, 수도자는 일반인들의 삶을 들여다보면서 힐링이 되고 재충전할 수 있고 일반인은 수도자의 삶을 보면서 힘을 얻는다고 말씀하셨다.

그렇게 서로 어우러져서 사는 것이 하느님 보시기에도 참 좋은 모습이리라. 나와 루시아 수녀님도 신앙 안에서 동행하면서 서로에게 힘이 되고 위로가 되었으면 한다.

인연의 대물림

2002년 1월 중순쯤 우리 가족이 다니는 용머리 성당에 새로운 신부님이 부임하셨다. 젊고 키가 훤칠하며 온순하신 분이셨다. 가까이에서 얼굴을 뵈었더니 왠지 낯이 좀 익고 어딘가에서 뵌 적이 있는 분 같았다. 하지만 아무리 생각해 봐도 어디에서 만났는지 도무지 생각이 나지 않아 성당 친한 언니한테 신부님에 대해서 알아보았다.

"언니! 새로 오신 신부님을 어디서 만난 적이 있는 것 같은데 도무지 생각이 안 나네요."

"신부님은 해성고 나오셨고 임실성당에도 계셨는데 어디에서 연결이 되는지 잘 생각해 봐."

"아닌데요. 해성고 근처에 간 적도 없고 임실성당도 전혀 인연이 없거든요."

"그래? 우리 성당에 오시기 전에는 미국 플로리다에 가 계셨고 그 외에는 모르겠네."

집에 와서도 계속 그 생각만 했다. 신부님과 안면이 있는데 어디서 만난 것일까? 한참을 그러다가 불현듯 13년 전 시부모님이 다니셨던 여산성당의 신부님 같았다. 어머니께 전화를 걸었다.

"어머니! 우리 결혼할 때 여산성당에 계셨던 신부님 성함이 어떻게 되지요?"

"정천봉 신부님인데 왜 그러냐?"

"아! 그래요? 그 신부님께서 우리 성당으로 오셨어요."

"그래? 반갑구나. 언제 너희 집에 가면 식사라도 해야겠다."

"네. 어머니! 그렇게 하세요."

통화를 마치고도 한동안 믿을 수가 없어서 멍하니 있었다.

우리 부부는 1989년 1월 말에 결혼을 코앞에 두고 신혼집에서 가정 미사를 드렸다. 여산성당에 다니신 시부모님의 배려로 그곳의 신부님께서 오셔서 신혼집을 축복해 주고 기도해 주셨다. 그 무렵에는 신부님이 참 어렵게 느껴졌고 더욱이 내가 소속된 대전교구가 아닌 전주교구 신부님이셨으니 얼굴도 제대로 볼 수가 없었다.

1989년 2월 11일 눈발이 날리는 추운 겨울에 우리 부부는 논산 부창동 성당에서 하객들의 축복 속에 결혼식을 했다. 결혼식 당일에는 정신이 없어서 전혀 알지 못했다. 한 달 정도 지난 후 결혼식 비디오를 보았더니 하객으로 그 신부님이 오셨다. 서로 교구가 달라서인지 제대에서 혼배미사를 드리지 않았고 그냥 하객들 자리에 앉아 계셨다. 그 후로 직장생활을 하며 아기를 낳아 키우느라 신부님을 까맣게 잊었다.

1991년 3월에 시댁에 갔더니 어머니께서 이런 말씀을 하셨다.

"에미야! 여산성당 신부님께서 군종신부님으로 군대에 가셨단다. 우리 부부에게 세례를 주신 신부님이라 특별했는데 서운하구나. 편지를 쓰고 싶은데 내가 워낙 철자도 틀리고 글솜씨도 없으니 네가 좀 써 줬으면 한다. 그럼 내가 보고 쓸게."

"네. 어머니! 그럴게요. 특별히 하고 싶은 내용 있으면 말씀하세요."

"뭐 별다른 것이 있겠냐. 그저 건강 조심하라는 거지. 또 한 가지는 다른 신자들과 함께 신부님께 면회를 가겠다고 써라."

"네. 그렇게 써놓을게요."

편지를 써놓고 왔더니 어머니께서 다시 써서 부쳤다며 좋아하셨다. 어머니는 막내아들과 같은 나이의 신부님이 아들처럼 생각되어 본당에 계실 때 가끔 간식을 챙겨드렸다고 하셨다. 그 후로 신자들과 면회도 다녀오셨고 몇 차례 더 편지를 부탁하셨다. 그렇게 편지까지 썼으면서도 신부님 성함이 기억에 새겨지지 않았다.

1993년에 아버님이 돌아가신 후 어머니는 의지할 데가 없으셨는지 신부님께 하소연하고 싶어서 그 후로도 한동안 연락하고 지내셨다.

신부님을 오랜 기간 뵌 것이 아니라서 얼굴을 알아보지 못한 것이 이상한 일은 아니었다. 다시 생각해 보니 신부님의 모습이 13년 전과는 좀 달라지셨다. 살도 더 빠지셨고 얼굴이 말끔해지신 것 같았다.

신부님을 찾아뵙고 인사를 드렸다. 이런 인연이었노라고 말씀드렸더니 신부님도 놀라시며 반가워하셨다. 신부님은 조용한 성격이고 사람들과 어울리는 자리보다는 책을 읽고 묵상하며 기도 생활을 많이 하셨다. 겸손하고 착한 목자의 삶을 충실히 살고 계셨다.

그 해 따뜻한 봄날에 어머니께서 우리 집에 오셔서 신부님과 함께 식사 자리를 가졌다. 두 분은 오랜만에 만나 무척 반가워하였고 많은 대화를 나누셨다. 그 후로도 어머니가 오시면 우리 가족은 자연스럽게 신부님과의 만남을 이어갔다. 신부님은 우리 아들, 딸을 만나면 예의가 바르게 밝게 잘 자랐다고 칭찬해 주셨다.

신부님은 7월에 초등학교 3학년인 딸아이의 첫영성체도 해 주셨다. 아버님, 어머니께 세례를 주시고 훌쩍 세대를 건너뛰어 딸까지 첫영성체를 해 주셨으니 남다른 인연이었다.

신부님은 4년의 임기를 마치고 2006년 장수성당으로 이동하셨다. 우리 부부는 일 년에 한두 번은 신부님을 찾아뵈었는데, 어느 날 갔더니 신부님 얼굴이 푸석푸석했고 손등이 퉁퉁 부어 있었다.

"신부님! 어디 편찮으세요?"

"교우 할머니가 옻나무를 자른다고 하여 장갑도 끼지 않고 도와 드렸다가 옻이 올라서 이렇게 되었어요. 처음에는 더 심했는데 병원에 다녀와서 좀 가라앉은 겁니다."

"에구 신부님! 큰일 날 뻔하셨어요. 이젠 옻을 타는 걸 아셨으니 조심하세요."

그 후로도 한참을 고생하셨다고 했다.

신부님께 민호가 가톨릭 학교인 해성고에 갔다고 하니 후배가

• chapter 3. 믿음이 만든 인연 •

되었다고 좋아하셨다. 3년 후 원하는 대학을 진학한 후에 아들과 함께 찾아갔더니 당신 일처럼 기뻐하시며 축하해 주셨다.

  그 후 팔복동 성당으로 가셨을 때 신부님의 은경축일(사제 서품을 받은 후 25년이 되는 것을 기념하는 날)이 되었다. 팔복동 성당은 전주 시내에 있지만 조립식 건물이고 공장 지대에 있어 재정적으로 열약했다. 젊은 사람들도 많지 않은 곳이었다.

  은경축일이 되면 보통 본당의 신자들이 축하 잔치를 열어주는데 신부님께서는 성당의 어려운 사정을 알고 단호하게 거절했다고 하셨다. 그 딱한 소식을 듣고 가까운 송천동 성당 박병준 신부님께서 재정적인 지원과 함께 봉사할 신자들을 지원해 주며 적극 나서 주셨다. 선배 신부님께서 후배 신부님을 따뜻하게 챙겨주시는 아름다운 모습에 눈물이 핑 돌았다. 우리 부부도 감동적인 그 축하 행사에 다녀왔다.

  그 후 둔율동 성당, 상관 성당, 숲정이 성당을 거쳐서 지금은 봉동성당에서 사목활동을 하고 계신다. 신부님이 숲정이 성당에 계신 동안에는 우리가 군산으로 이사를 했고 시골에 다니느라 찾아뵙지를 못했다.

  2022년 다시 전주로 이사한 다음 찾아뵈었다. 신부님은 예전처럼 반갑게 맞이해 주셨다. 신부님은 4대 독자인데 아버님이 돌아가셨고 홀로 되신 어머니를 모시며 살고 계신다. 자연과 더불어 사는 전원생활을 좋아하셔서 은퇴 후에는 시골에서 살고 싶다고 항상 말씀하셨다.

봉동성당의 어느 신자분이 밭을 빌려주어 들깨 농사를 지은 후 전체 신자들 수만큼 들깨 봉지를 만들어 나누어 주셨다. 다음 해는 인디언감자를 수확하여 신자들에게 선물하셨다. 신부님은 농사짓는 자체를 즐기셨고 신자들과의 나눔도 몸소 실천하셨다.

우리가 수류성당이 있는 마을에 작은 집을 지었다고 하니 얼마 후 방문하셨다. 경치가 참 좋고 한적하다며 정말 속세를 떠나 쉴 수 있는 장소라며 좋아하셨다. 아무런 말씀도 없이 한참 동안 창밖 경치만 바라보고 앉아계셨다. 그 모습이 또 하나의 풍경처럼 가슴에 남았다.

신부님은 우리 부부를 오랫동안 만났는데 부부가 서로 배려하며 서로를 존중하는 모습이 참 보기 좋다고 하셨다. 역시 20년을 ME봉사를 해서 뭐가 달라도 다른 거 같다며 고개를 끄덕이셨다.

민호가 2023년 10월에 전동성당에서 결혼식을 하기로 하여 신부님을 초대했다. 주례 신부님은 박기준 신부님이지만 혼배미사를 함께해 주실 것을 부탁드렸다.

"제가 주례는 많이 섰지만 이렇게 들러리는 처음 서는 겁니다. 들러리도 아무나 서 주는 것은 아니니 그런 줄 아세요." 하시며 호탕하게 웃으셨다.

"네. 신부님! 감사합니다."

드디어 10월 28일 결혼식 날이 되었다. 신부님께서는 일찍 오셔서 아들과 우리 부부를 축하해 주셨다. 혼배미사가 끝나갈 무렵에 그곳에 오신 신부님들께서 신랑, 신부에게 덕담을 해주는 시간이었다.

"신부 부모님께서 인상도 좋으시고 참 좋으십니다. 저는 신랑 부모님과의 인연으로 여기에 왔습니다. 앞으로 신랑, 신부는 무조건 신랑 부모님만 닮으면 됩니다. 축하합니다."

신부님께서 그렇게 말씀해 주시니 얼마나 감사한 일인지 감동되어 가슴이 뜨거워졌다. 그보다 더 좋은 말씀이 어디 있겠는가.

결혼식이 끝나고 찾아뵈었다.

"아들을 정말 훌륭하게 잘 키우셨네요. 며느리가 복이 있는 겁니다. 부모님이 잘 사는 모습을 보았으니 아들 부부도 틀림없이 잘 살 겁니다."

"신부님! 감사드려요. 저희 부부의 혼배미사 때도 오셨고 또 이렇게 아들 혼배미사도 해주셨으니 정말 큰 인연이네요."

"네. 저도 스테파노, 율리안나 부부님께 감사합니다. 이렇게 신앙생활도 잘하시고 저와의 인연을 계속 이어가 주시니 저로서도 영광입니다."

신부님은 우리 부부가 은퇴 후의 삶을 잘 꾸려가고 있다며 흐뭇해하셨다. 남편이 퇴직 후 제2의 직장을 다니는 것이 대단하다며 치켜세우셨다. 부부가 같이 난타를 배우는 모습도 멋지고 나도 수채화, 글쓰기를 배우며 즐겁게 사는 모습이 행복해 보인다고 하셨다.

신부님과 시부모님이 맺으신 인연을 우리가 대물림하여 계속 이어가는 것도 참 경이롭다는 생각이 들었다. 신부님께서 몇 년 뒤 은퇴하신 후 전원생활을 하실 무렵이 되면 더 많은 추억을 공유하며 살아가게 될 것 같다. 신부님과의 인연은 계속 진행될 테고 그 끈은 아름답게 이어질 테니.

귀한 인연

 1999년 2월, 우리 부부는 성당에 다니는 지인의 권유로 2박 3일 동안 'ME 주말(가톨릭에서 하는 부부일치를 위한 운동)'을 다녀왔다. 맞벌이로 각자 바빠서 그때까지 부부가 함께 즐기는 취미가 별로 없었다. ME 주말을 체험한 후에 부부가 함께 활동하는 점이 좋아서 봉사를 시작했다.

 'ME 주말 봉사'는 신부님 한 분과 세 부부가 3개월 전부터 각 가정을 방문하며 준비모임을 시작한다. 좋은 파트너십을 발휘하고 봉사자 간에 더 친밀감을 느끼며 준비 사항들을 꼼꼼히 챙기기 위한 것이다.

 당시는 교사라서 방학인 1월, 2월, 8월에 일정이 가능했기 때문에 2005년 1월에 ME 주말을 하기로 했다. 선배 부부가 10월부터 신부님과 세 부부의 일정을 조율하여 준비모임 일정을 잡았다.

'ME 주말 봉사'를 들어갈 때마다 항상 새롭고 분위기가 달라 새로운 팀들이 발표되면 기대도 되고 설레기도 했다. 그해에 함께 할 이명재 신부님이 계신 군산 소룡동성당을 먼저 찾아갔다. 신부님의 첫인상은 무척 온화하고 따뜻한 느낌이었다. 준비모임을 하면서도 권위적이지 않고 부부들의 일정을 존중해 주며 배려해 주시는 모습이 인상 깊었다.

신부님과의 'ME 주말'이 수강 부부, 봉사 부부 모두가 행복감을 주리라는 기대를 했다. 기대대로 신부님은 2박 3일 일정 동안 참석한 부부들을 따뜻하게 대해 주셨고 그 분위기 덕분에 감동과 환희로 가득 찬 ME 주말이 되었다. 그 후 신부님을 가끔 만나게 되면 한결같은 인자한 모습으로 잔잔한 감동을 주었다.

2009년 2월, 신부님과 두 번째 'ME 주말'을 하게 되었다. 세 봉사 부부는 서울에서 오시는 선배 부부님과 우리 부부, 같은 성당에 다니는 후배 부부님이었다.

2008년 12월 초 신부님이 계신 군산 소룡동성당을 방문했을 때, 새 성당을 신축하는 중이라서 조립식 건물에서 미사를 드린 적이 있다. 며칠 동안의 폭설로 가건물 지붕이 주저앉아 여기저기 기둥을 세운 열악하고 힘든 시기였지만 신부님은 잘 대처해 나가셨고, 특유의 따뜻한 말과 온화한 미소로 사람들의 마음에 힘을 불어넣으셨다. 그 덕분에 수강 부부들이 변화되었고, 기쁘고 뿌듯하게 ME 주말을 마쳤다.

일정이 끝난 후에도 서울의 선배 부부가 내려오셔서 7명이 만나 후배 부부님의 고향인 장수에 가서 늦은 밤까지 이야기를 나누며 1박을 하기도 했다.

그러다가 서울의 선배 부부님이 바빠서 못 오게 되면서 신부님과 후배 부부, 우리 다섯 명이 가끔 모임을 이어갔다. 신부님은 우리 부부들의 사는 이야기를 귀담아들어 주었고 배우자에 대해 토라지고 서운해하는 이야기가 있으면, "왜 그랬대. 그래도 그런 남편 없어요." 하시며 공감해 주셨다.

2012년 우리 부부가 단체를 맡아서 힘들고 어려울 때마다 신부님을 찾아가 하소연했는데, 그때마다 당신 일처럼 안쓰러워하시며 위로해 주셨다. 신부님께 힘을 얻어 지혜롭게 해결해 나가는 방법들을 찾기도 했다. 영적 지도자이면서 인생의 길동무 역할도 해 주셨다.

2013년 8월, 신부님께서 익산의 글라라수도원으로 발령이 났다. 봉쇄수도원은 수도자들이 바깥 활동은 하지 않고 수도원 안에서 기도와 노동을 하며 평생을 사시는 곳이다. 신부님을 몇 번 찾아뵈었으나 수녀님들의 모습은 볼 수가 없었다.

그러다가 신부님이 성탄 전야 미사를 드린다고 하여 우리도 기억에 남는 성탄을 맞이하고 싶어 수도원에 갔다. 수녀님들과 신자들 사이에 칸막이가 있어 그분들의 모습이 제대로 보이지 않았으나 천상의 목소리로 부르는 아름다운 성가 소리를 들을 수 있었다. 신부님이 강론하실 때 수녀님들의 소녀 같은 해맑은 웃음소리도 들려왔다. 참 평화롭고 아름다운 성탄 밤이었다.

2014년 2월에 신부님과 세 번째 ME 주말 봉사를 배정받았다. 대전의 선배 부부님과 광양의 후배 부부님이었는데, 함께 준비모임과 2박 3일 봉사를 하면서 다시금 신부님의 부드러운 카리스마를 엿볼 수 있었다.

가끔 방학 때 시간이 나면 우리 부부는 신부님과 당일로 대천 갈매못 성지, 해남 미황사, 장수 장안산 등을 갔다. 신부님의 딸 수녀님(수녀원에 갈 때 지원서에 서명하신 신부님이 아버지 신부님임)이 계시는 광주 사랑의 씨튼수녀원을 방문하면서 신앙 안에서 교류를 계속 이어갔다.

2015년 우리 부부는 전주교구에 약혼자 주말을 도입하고 싶어서 8월에 서울대교구의 약혼자 주말에 가기로 했다. 신부님께 말씀드리니 같이 가자고 하셨다. 든든한 지원군이 되어줄 천군만마가 생겨 우리는 뛸 듯이 기뻤다.

그 여행에서 신부님의 섬세하게 배려하는 마음을 다시 확인한 일이 있었다. 신부님을 모시고 서울의 살레시오교육관으로 향하다가 휴게소에서 커피를 조금 마셨는데 그것 때문인지 서울에 들어섰을 때 갑자기 화장실이 가고 싶었다.

신부님이 앞에 앉으시고 내가 뒷자리에 앉았는데 도저히 도착지까지 갈 수가 없어서 작은 소리로 남편에게 "화장실 가고 싶어요."라고 말했다.

남편은 알았다고 하고는 빨리 가고 싶은 마음에 계속 직진만 했다. 한참을 참다가 "화장실 가고 싶다니까요." 했더니 신부님께서 "자매님들이 저렇게 말하면 급한 것이니 빨리 화장실부터 찾읍시다." 하셨다.

신부님 앞인 것이 부끄러워 얼굴이 홍당무가 되었다. 남편은 그제야 내 눈치를 보더니 주민센터에 내려주었다. 그때는 참았다가 교육 장소에 가서 남편한테, "같이 사는 남편보다 신부님이 내 마음을 더 헤아려 주시니 어떻게 된 거예요? 내가 얼마나 급했으면 신부님 앞에서 말했겠어요?"

남편은 그렇게 급한지 몰랐다며 미안하다고 사과했다.

신부님과 우리 부부는 서울대교구의 약혼자 주말을 수료한 후 결혼 준비를 하는 커플들에게 예방주사를 맞는 효과가 있는 약혼자 주말이 전주에도 꼭 필요하다고 의견을 모았다.

약혼자 주말은 신부님, 시니어 부부, 주니어 부부 5명이 한 팀이다. 주니어 부부가 없어서 서울에서 지원해 주어 준비를 한 후 다음 해 2월 전주 약혼자 주말을 처음 시작했다.

서울은 약혼자 주말을 한 지가 오래되었고 프로그램을 매월 실시하는데도 대기자들이 많았지만, 전주에서는 약혼자 주말이 처음이라 신청자가 저조했다.

신부님과 우리 부부는 2016년에 두 번 실시했고 앞으로 좋아질 거라는 희망을 안고 계속 이어가고 싶었다. 2017년까지 실시했으나, 전주에 주니어 봉사 부부가 없어서 타 교구의 지원에 의존하는 실정이었고, 수강 커플들이 증가하지 않아 아쉽게도 중단되었다. 그때 신부님과 우리 부부는 손을 뗐지만, 후에 다른 신부님께서 다시 시작하셔서 2023년 현재는 전주 약혼자 주말을 실시하고 있다.

2017년, 군산으로 발령이 나서 출퇴근하느라 힘들었는지 대상포진에 걸렸고, 이듬해에 군산으로 이사를 했는데도 체력이 예전 같지 않고 계속 몸이 아파 활동하던 ME를 접었다. 신부님은 ME를 함께 하지 못하는 것을 아쉬워하셨다.

2019년 1월에 신부님께서도 군산장애인복지관 관장님으로 발령이 나면서 신부님과 우리 부부는 가끔 만날 수 있었다. 신부님과 나는 장애인 관련 일을 하였기에 만나면 서로 정보도 교환하면서 할 이야기가 많았다. 그러다가 2021년 7월에 두 번째로 대상포진에 걸려 2022년에 명퇴하고 전주로 이사를 왔다.

신부님께서는 지금도 군산장애인복지관에서 사회적으로 약자인 장애인들을 위해 많은 일을 하고 계신다. 장애인들을 위한 사업들을 하시며 보람을 느끼시는 것 같다.

우리 부부는 ME는 떠났으나 신부님과의 관계는 계속 이어가고 있다. 장수로 귀촌한 후배 부부도 신부님을 워낙 잘 따르고 좋아하여 5명이 한 번씩 1박을 하기도 하고 장수에서 산나물이나 버섯 등을 땄다고 연락이 오면 신부님과 함께 가기도 한다.

신부님을 생각하면 온유라는 단어가 떠오르고 마음이 훈훈해진다. 신부님은 착한 목자로 주변에 선한 영향을 주시는 분이다. 묵묵히, 겸손하게 사제의 삶에 만족하고 감사드리며 살아가시는 모습을 존경한다. 신부님을 통해 부드러운 카리스마가 얼마나 큰 힘이 있는지도 깨달았다. 이런 신부님을 가까이에서 만날 수 있고 함께 인생길을 가는 것만으로도 든든하고 고마운 일이다.

또 하나의 가족

우리 부부는 2015년 수류성당이 있는 마을에 터를 잡고 이듬해인 2016년 여름에 농막을 지었다. 농막을 짓고 나니 매주 주말마다 마을에 가게 되어 성당도 수류성당으로 다니기 시작했다. 시골 마을의 작은 성당이지만 유서 깊은 교우촌임을 증명하는 듯 신자들의 신심이 매우 깊었다.

결혼 전에 교리교사도 했고 또 교육자라서 그런지 그곳의 어린이들에게 자꾸만 마음이 갔고 뭐라도 챙겨주고 싶었다. 남편과 상의한 후에 한 달에 한 번씩 아이들 간식을 준비했다. 신부님도 고마워하셨고 아이들도 무척 좋아했다.

2017년 8월에 신부님이 바뀌었다. 수류성당에 다닌 기간이 짧아 떠나신 신부님과는 가까워질 기회가 별로 없었다. 새로 오신 김주형 신부님은 군종신부님으로 계시다가 오셔서인지 군기가 들어있어 목소리가 쩌렁쩌렁했다. 키도 크고 인상이 서글서글했다.

신부님께서는 이전 주임 신부님께 전해 들었다며 어린이 간식을 계속 지원해 주기를 원하셨다. 우리는 계속 과자, 빵, 초콜릿 등을 준비해서 아이들과 즐거움을 나누었고, 크리스마스 때는 케잌을 선물해서 아이들과 기쁨을 나누었다.

시골 성당이라서 신자들이 대부분 연세가 많은 편이었다. 아이들은 열다섯 명 정도였는데, 어쩌다 미사 시간에 아이들이 소란을 피우면 어르신들은 못마땅해서 눈살을 찌푸리곤 하셨다.

어느 날 미사 시간에 신부님이 어르신들께 당부하셨다.

"어르신들! 아이들이 성당에 와서 좀 시끄럽게 해도 화를 내거나 야단치지 않으셨으면 합니다. 어린이들은 이 나라의 미래이기도 하고 교회의 미래이기도 합니다. 이 아이들이 없다면 교회의 미래는 없습니다. 그러니 내 손자, 손녀라 생각하시고 너그러운 마음으로 보듬어 주고 사랑으로 감싸주시기를 부탁드립니다."

그 후로 어린이들이 미사 시간에 좀 시끄럽게 해도 이해하는 분위기가 되었고, 오히려 성당이 더 생기있고 밝아졌다.

　신부님은 아이들도 잘 챙기셨지만 어르신들께도 참 잘하셨다. 신자들 간에 갈등이 있다거나 일을 추진하는데 어려움이 생기면 항상 웃는 얼굴로 차분하게 말씀하셨다.

　"저는 여기가 첫 본당이라서 사목 경험도 부족하고 나이도 어립니다. 저를 아들이나 손자라고 생각하시고 많이 이해해 주세요. 그리고 힘든 일이 있으신 어르신들은 언제든지 저에게 말씀해 주시면 제가 힘닿는 데까지 도와드리겠습니다."

　신부님은 성당에 오신 한 분 한 분의 손을 잡고 안부도 물어보시며 언제나 웃는 모습으로 반기셨다. 신부님이 먼저 신자들에게 다가가고 가족처럼 대하시니 자연스럽게 신자들도 마음을 열게 되어 따뜻한 분위기가 되어갔다. 마을에서 크고 작은 문제들이 생길 때마다 마을 회의에 직접 참석하셔서 원만하고 슬기롭게 해결될 수 있도록 길잡이 역할을 해 주셨다.

　2018년 여름방학을 한 어느 토요일, 신부님과 함께 아이들을 데리고 읍내 중국집에 가서 탕수육과 자장면을 먹은 적이 있다. 아이들을 챙기고 도와드리는 모습을 보고 신부님께서 우리 부부에게 이야기하셨다.

"저는 스테파노, 율리아나 부부님을 보면서 또 하나의 가족이 생긴 것 같아 매우 기쁩니다. 아이들에게 이렇게 신경 써 주시니 제가 든든하고 사목활동 할 때 힘이 난답니다."

"작은 정성인데요. 신부님께서 저희에게 그런 기회를 주셔서 감사합니다."

여름방학 중에 우리 농막에서 가까이 지내는 정민이네와 함께 신부님과의 식사 자리를 마련했다. 소박한 집밥이었지만 신부님은 맛있게 드셨다. 신부님은 소탈하신 성격이었다.

우리 텃밭에 옥수수가 익어가는 것을 보시고는 말씀하셨다.

"옥수수만 보면 어릴 때 할머니 댁에 가서 먹었던 생각이 납니다."

"아! 그래요. 신부님! 옥수수 좋아하세요?"

"네. 좋아합니다."

며칠 후 옥수수를 맛있게 쪄서 드렸더니 좋아하셨다.

어느 가을날 신부님께서 남편에게 한 가지 부탁이 있다고 하셨다.

"이렇게 아이들을 위해 애쓰시는데 스테파노 형제님께서 사목회 임원으로 청소년 부장을 해 주시면 좋겠네요."

"신부님! 집에 가서 율리아나와 상의하고 생각해 보겠습니다."

"네. 알겠습니다."

사목회 임원은 남편 몫이 아니라고 생각했다. 우리가 그곳에 정착한 것도 아니었고 퇴직 후 전주로 이사하면 예전에 다녔던 용머리로 돌아갈 계획이었기 때문이다. 또 현직에 있어서 바쁘기도 한데 군산에서 주중에 그곳에 가는 것은 힘든 일이라고 생각했다. 그 생각을 남편에게 말했고 남편도 가만히 이야기를 듣더니 자기도 같은 생각이라고 했다. 그 후에 신부님께 사목회 임원을 맡기는 어렵겠다고 잘 말씀드렸다.

어느 날 신부님은 성당 주변이 잡초로 가득하고 어수선하여 '십자가의 길'을 조성하겠다고 하셨다. 1처에서 14처까지를 유명한 작가님이 큰 바위 위에 그림을 하나하나 조각한다고 하니 기대가 되었다. 다만 재정적인 면이 걱정되었다.

신부님께서는 하느님께서 도와주실 거라며 우리 신자들도 정성껏 후원할 것을 부탁하셨다. 우리도 성의껏 동참했다. 신부님이 그렇게 큰 뜻을 펼치시니 가까이에서, 멀리에서 은인들이 나타나 생각했던 것보다 훨씬 많은 헌금이 모아졌고 아름다운 '십자가의 길'이 만들어졌다. 그 후 수류성당 십자가의 길은 천주교 신자들에게 명소가 되었고, 많은 이들이 찾아오고 있다.

2019년 5월 수류성당 130주년 기념행사가 주교님과 많은 신부님, 수녀님, 내빈들을 모시고 열렸다. 수류성당은 전주의 전동성당과 같은 해에 지어졌다. 예상했던 인원보다 손님들이 많이 오셔서 그곳의 가장 주인인 신자들은 정작 잔치를 즐길 수가 없어서 다음에 축하 자리를 다시 마련했다. 정말 뜻깊은 자리였고 신부님은 모든 공을 신자들에게 돌리셨다.

같은 해 가을에는 수류성당을 지방 문화재로 만들기 위한 작업이 시작되었다. 처음에 지어진 한옥 성당이 6.25 전쟁 때 불탔기 때문에 아쉽게도 재건축된 성당 건물은 문화재로 지정될 수가 없다고 했고 다만 성당 터가 문화재가 되었다. 그 일을 추진하는 데에도 신부님이 동분서주하며 앞장섰고 그 후 김제시에서 문화재 지원사업을 하여 성당 주변을 공원으로 만들었다.

신부님은 3년 동안 정말 크고 많은 일들을 추진하셨고 2020년 8월에 부안성당으로 이동하셨다. 신자분들이 신부님과 정도 많이 들었고 그들의 손과 발이 되어 주셨기에 매우 섭섭하고 아쉬워했다.

신부님의 떠나간 자리가 우리 부부에게도 크게 느껴졌다. 수류성당에 가면 그렇게 반갑게 맞이해 주셨고 정말 가족 같았는데 수류성당이 텅 빈 느낌이었다.

우리는 가끔 연락도 드리다가 신부님을 다시 만나고 싶은 마음에 청명한 가을날에 신부님을 만나러 부안성당에 갔다. 신부님은 특유의 해맑은 미소를 지으며 반갑게 맞이해 주셨다. 그곳에서도 기쁘고 활기찬 모습으로 착한 목자의 모습을 하고 계셨다.

2022년 3월에 전주로 이사한 후 성당을 수류성당에서 용머리 성당으로 옮겼다. 마침 용머리 성당 신원철 신부님께서 김주형 신부님과 같은 창인동 성당 출신으로 친하게 지내셨다. 또 그 무렵에 ME 활동을 하며 가깝게 지내는 정성만 신부님이 독일에서 교포 사목을 마치고 오셨는데 세 분이 같은 성당 출신이었다. 우리는 세 신부님과 함께 즐거운 식사 자리를 마련하여 이야기꽃을 피웠다. 그 후에 수류산방에 세 신부님을 모시기도 했다.

그 해 크리스마스가 다가올 무렵 용머리 성당 신원철 신부님께서 남편에게 전화로 말씀하셨다.

"스테파노 형제님! 성탄 때 세례받는 사람들 가운데 형제님이 한 분 있는데 마침 짝꿍 자매님이 김주형 신부님과 교리교사를 같이 했다고 합니다. 서로 김주형 신부님과 잘 아는 사이이니 대부를 서 주면 좋겠네요."

"네. 신부님! 부족하지만 신부님 뜻에 따르겠습니다."

우리 부부를 '또 하나의 가족'이라고 하신 김주형 신부님 덕분에 남편에게 생각지도 않았던 대자가 생겼다.

대자인 안토니오, 마르타 부부는 13년 동안 말레이시아에서 살다가 자매님의 건강이 안 좋아서 돌아왔다고 했다. 오랫동안 성당을 쉬었다가 다시 나왔고 남편도 성당에 다니고 싶다고 하여 세례를 받았다. 5학년 아들이 있는데 세례를 받고 첫영성체를 한 후 복사가 되었다. 온 가족이 성당에 다니는 모습이 참 좋아 보였다.

우리는 대자 부부와도 가끔 만나며 신앙생활과 자녀 교육에 도움이 될 만한 경험담도 들려주었고 김주형 신부님과 함께 만남의 자리도 마련했다. 안토니오, 마르타 부부도 우리 부부를 잘 따랐고 살뜰히 챙겨준다며 고마워했다.

대자 부부는 우리가 ME주말을 다녀오라고 권했더니 권유대로 2023년 4월에 다녀왔다. 서로를 아껴주면서 예쁘게 살아가는 대자 부부를 가까이에서 보는 것만으로도 행복했다.

김주형 신부님은 2023년 8월에 무주 청소년수련관으로 이동하셨다. 신부님과 우리는 인연을 계속 이어가고 있다. 2023년 10월 아들이 전동성당에서 결혼식을 했을 때 김주형 신부님도 오셨고 대자네 가족도 왔다. 결혼식이 끝나고 얼마 후에 대자 안토니오가 말했다.

"성당에서 하는 결혼식에 그때 처음 갔어요. 세상에서 그렇게 아름다운 결혼식은 처음 봤습니다. 예식장에서 하면 신혼부부를 마치 시간마다 찍어내는 듯한 느낌이었는데 성당 결혼식은 구애받지 않고 오로지 한 신랑, 신부에게 집중할 수 있어서 참 좋았습니다. 신랑, 신부도 잘 어울렸고 정말 성스럽고 멋진 결혼식이었습니다."

짝꿍 마르타가 이어서 말했다.

"아드님 결혼식을 보면서 우리 부부에게 새로운 꿈이 생겼어요. 저희도 아들 온이 결혼식을 전동성당에서 꼭 하고 싶어요. 우리도 결혼할 때 성당에서 하고 싶었는데 시댁은 성당에 다니지 않아 못했거든요. 아들 결혼식은 지금부터 기도하면서 꿈을 이루려고 해요. 그리고 시부모님이 앞으로 성당에 다니셨으면 하는 꿈도 가져 봅니다."

"정말 좋은 꿈을 가졌네. 우리도 아이들이 어릴 적부터 결혼식은 성당에서 할 것을 계속 말해 주었고 꿈꾸어 왔던 일이었어. 시부모님은 서두르지 말고 서서히, 조금씩 성당에 오시도록 마음을 쏟아봐. 그 꿈들이 꼭 이루어지길 바라며 우리도 함께 기도할게."

이렇게 신부님과 우리, 대자 가족은 성당이라는 대가족 속에서 서로에게 선한 영향력을 주고받으며 든든한 또 하나의 가족이 되어주고 있다. 서로를 위해 기도해 주고 가끔 생각하는 것만으로도 마음이 따뜻해진다.

• chapter 3. 믿음이 만든 인연 •

chapter 4

수류산방과 세 번째 드라마

수류성당과의 인연

　수류성당은 김제시 금산면 화율리에 있는 평범하고 자그마한, 산골짜기 깊숙한 곳에 자리하고 있어 아주 아늑한 분위기를 지닌 시골 성당이다. 1889년 전주 전동성당과 함께 전라도 지방에서 가장 먼저 설립되어 130년이 넘는 역사를 가졌고, 현재까지 20여 명이 넘는 성직자와 많은 수도자를 탄생시킨 유서 깊은 성당이다.
　긴 생이 모두 그렇듯, 한 인간의 생애를 훌쩍 넘는 긴 역사만큼이나 크고 작은 아픔이 있었다. 수류성당은 박해시대 때 산골 깊숙이 숨어있던 신자들이 모여서 이룬 성당인데, 48칸의 목조건물이 었는데 6.25 전쟁 때 인민군이 신자들을 몰살하려고 성당에 불을

질러 전소되었다. 신자들은 화마를 피해 무사히 빠져나왔으나 결국은 인민군에게 체포되어 50여 명의 신자가 순교했다. 지금의 성당은 1959년에 다시 지어졌다.

결혼 후 10년쯤 된 1999년 봄이었다. 부부가 함께 성당에 다니면서 가까운 지인과 함께 수류성당 근처에 있는 작은 아동시설인 '진수네 집(가명)'을 방문하기 시작했다. 그때 처음으로 수류성당을 알게 되었는데 한적한 시골 마을의 입구에 성당이 있는 고즈넉한 분위기가 인상 깊게 와닿았다. 찾아갈 때마다 어머니 품처럼 따스했고 마음을 편안하게 해 주었다.

진수네 집은 어느 수도원에서 후원하고 한 자매님이 엄마 역할을 하며 일곱 명의 아이들을 가족적인 분위기에서 돌보고 양육하는 시설이었다. 진수네 가족 모두 수류성당을 다니며 신앙생활을 열심히 하고 있었다.

우리는 한 달에 한 번 정도 방문했다. 처음에는 빵이며 과자, 과일 등을 챙겨서 그곳의 아이들과 놀아주고는 했다.

그렇게 방문을 이어오다가 크리스마스가 다가올 무렵 남편이 나와 상의도 하지 않고 혼자서 아이들이 받고 싶은 크리스마스 선물을 알아보았다. 롤러스케이트, 축구화, 축구공, 워크맨 등등 제법

값이 나가는 것들이었다.

남편은 자신이 꺼낸 이야기라서 보너스를 받아 모두 크리스마스 선물을 준비하는데 지출했다. 겨울에 아이들 데리고 눈썰매장을 다녀온 일도 있었는데 경비가 만만치 않게 들어갔다. 그런 다음에도 아이들 생일을 모두 챙겼다.

당시 우리는 아파트를 분양받았는데 IMF 상황이라서 이율이 높아 대출금을 갚아나가느라 빠듯한 형편이었다. 남편은 그런 어려운 살림을 고려하지 않고 무리를 한 것이었다.

그런 일로 남편과 불협화음이 생겼다. 처음에는 우리 형편에 맞게 과일 한 상자 정도를 생각했는데, 날이 갈수록 그곳에 많은 지출을 하는 상황에 대해 남편과 진지하게 대화하며 제동을 걸었다.

"지금처럼 계속하다가는 살림을 할 수가 없을 거 같아요. 지금도 대출금 갚고, 아이들 돌보미 이모 월급 드리고, 아이들 교육비 나가면 빠듯한데 도저히 계속 이어갈 수가 없네요. 누군가를 도와주는 것도 가계 사정에 맞게 해야지 이건 아니라고 봐요. 나는 이제 당신을 따라 그곳에 가지 않을 거니까 알아서 하세요."

남편도 그제야 우리 살림살이가 어려운 상황임을 새삼 깨달았는지 아무런 대꾸도 하지 못했다. 그 후 남편은 혼자서 몇 번 아이들 생일을 챙기며 방문하다가 아내가 따라가지 않아서인지 그만 발

길을 멈추었다.

　아들과 딸이 유치원과 초등학교 다닐 때 여름성경학교 수련회가 수류성당이 운영하는 야외 수영장에서 많이 열렸다. 깨끗한 계곡 물을 끌어다가 수영장에 활용했고 수류성당 신자분들이 청결하게 관리하며 운영했다. 아이들의 식사를 자모회에서 준비했는데 그 일을 위해 여러 차례 참여하며 수류성당과의 인연은 더 깊어졌다.
　남편은 퇴직을 앞둔 10년 전부터 전원생활을 하기 위한 좋은 장소를 물색하고 있었다. 남편과는 달리 시골 생활에 그다지 관심을 보이지 않았다. 남편이 전원생활에 대해 이런저런 달콤한 이야기를 해도 귀담아들으려고 하지 않았고 마치 딴 세상 이야기로만 여겼다.
　2015년 봄, 남편이 수류성당이 있는 마을에 좋은 땅이 나왔다고 같이 보러 가자고 했다. 별로 내키지 않아 하는 나에게 전원생활에 신앙생활까지 함께 할 수 있어서 좋다고 설득했다. 며칠을 생각해 보니 그것도 괜찮겠다 싶어서 일단 가보자고 했다. 수류성당과는 예전부터 인연이 있어서 낯설지 않은 것도 작용했다. 다만, 온전히 귀촌하는 것은 아니고 작은 쉼터를 만들어서 시간 날 때마다 다니자고 약속했다.

마을 끝에 있는 땅을 매입했다. 산 밑에 작은 밭들이 층층이 되어 있는 비탈진 곳이었다. 남편은 굴삭기 기사와 함께 밭을 2단으로 만들고 축대도 쌓고 수로도 만들었다.

다음 해인 2016년 농막을 짓고 조금씩 텃밭과 꽃을 가꾸기 시작했다. 텃밭에서 일하다가 미사 시간을 알리는 성당의 종소리가 울리면 우리 부부는 밀레(장 프랑수아 밀레, 1814~1875)의 〈만종〉(1857~1859) 속 모습처럼 성호경을 그으며 감사기도를 드렸다. 마을이 천주교 신자들이 대부분인 교우촌이기에 지금도 미사 30분 전과 미사 시작할 때 여전히 종을 쳐서 알리고 있는데, 그 덕분에 누리게 된 기쁨이었다.

2018년 전주에서 군산으로 이사를 했지만, 주말이면 어김없이 그곳을 찾았고 성당도 수류성당으로 다니기 시작했다. 주말이면 농막에 가서 쉬면서 재충전도 하고 성당에도 나갈 수 있어서 일석이조로 좋았다.

수류성당 신자분들은 거의 70~80대 어르신들이어서 젊은 우리를 모두 좋아하고 환영해 주셨다. 우리 부부는 미사 때 독서하는 직분을 맡았다. 예쁘게 봐주셔서 카랑카랑한 목소리가 좋다고 칭찬하셨다.

수류성당의 이웃 마을에는 은퇴하신 수녀님 세 분이 사시면서 성당에서 오르간도 쳐 주시고 많은 봉사를 하셨다. 매월 첫 토요일은 수녀원 미사가 있었는데 특별한 일이 없으면 우리 부부도 그 미사에 참여했다.

간식거리인 과일, 빵, 떡 등을 가지고 가서 미사가 끝나면 오신 신자분들과 수녀님, 신부님과 나누었다. 수녀님들도 김밥, 유부초밥도 준비하시고 서로 담소를 나누었다. 그런 시간을 보내며 수녀님들과도 친해져서 가끔 함께 드라이브도 하고 찻집도 가는 일이 그곳에 가는 또 다른 즐거운 일이 되었다.

수류성당이 있는 마을을 오가며 누구보다 좋은 이웃이 되어준 고마운 정민이네가 있다. 정민이 아빠, 엄마는 낯선 이방인인 우리를 가족처럼 따뜻하게 대해 주셨다. 집은 동네 가운데 있었으나 우리 농막 옆 밭농사를 지으셨고 다른 동네의 축사에서 한우도 많이 키우셨다.

부지런하고 성실하시고 언제나 한결같았다. 맛있는 음식을 하시면 꼭 우리를 초대하셨다. 정민이네 가족 덕분에 우리는 그곳에 빨리 적응할 수 있었다. 처음 갔을 때 정민이는 귀여운 유치원생이었다. 농막에 와서 강아지와 놀아주기도 했고 함께 그림도 그리며 어울려 지냈다. 정민이가 좋아하는 스케치북, 색연필, 과자, 초콜릿,

빵 등도 사다 주며 정민이를 조카처럼 챙겼다.

　수류성당 마을에 갈 때면 예전부터 수류성당에 대한 좋은 추억들이 있었고, 마을의 돌담들이 정겹게 느껴져 마치 어릴 적 외할머니댁에 가는 느낌이었다. 성당에 가면 모두가 반갑게 맞이해 주시고, 마을 아주머니들께서는 기다렸다는 듯이 감자며 호박, 고구마, 풋콩, 감 등 수확한 것을 나누어 주셨다. 봄이 되면 텃밭에 심으라고 상추씨, 아욱 씨, 쑥갓 씨 등도 주셨다. 어느 형제님은 우리가 꽃을 좋아하는 것을 알고 여러 가지 꽃모종과 국화, 백합 뿌리, 수선화 뿌리, 무스카리 뿌리 등을 주셨다.

　수류성당에는 아이들이 열다섯 명 정도로 많지 않았다. 재정이 열악한 시골 성당임을 알기에 아이들을 위해 한 달에 한 번씩 간식을 준비했고 크리스마스 때는 특별한 선물을 했다. 오래전에 진수네 집에 다니다가 부담이 되어 중간에 그만 다닌 일이 마음에 걸리고 빚으로 남았는데 다시 할 수 있다는 것에 감사드렸다.

　마을회관의 노인정에 계신 어르신들께도 가끔 간식거리를 사다 드렸고, 농한기인 겨울철에는 마을회관에서 식사할 수 있도록 한 끼 식사 재료를 준비해 드렸다.

　2019년, 수류성당 130주년 행사가 주교님과 많은 신부님, 수녀님, 지역 인사들이 오셔서 성대하게 치러졌다. 그 역사적인 순간에 그 자리에 함께하는 뜻깊은 추억도 만들어졌다. 그 후 수류성당의 터가 전라북도 문화재로 지정되었고, 지자체의 지원금으로 이루어진 재정비 사업으로 성당의 주변은 더욱 아름답게 가꾸어졌다.

2020년, 남편은 농막으로 만족하지 않고 작은 집을 지었고 꽃을 좋아하는 나를 위해 화단을 점점 더 넓혀 나갔다. 지금은 텃밭도 제법 모양을 갖추었고 여러 가지 채소들이 잘 자라고 있다. 가끔 텃밭에서 나온 채소들을 지인들에게 나누어 주는 재미도 쏠쏠하다.

집으로 올라가는 입구에는 꽃길을 만들었고 감나무, 대추나무, 무화과나무, 앵두나무 등을 심었다. 집 앞에는 작은 잔디밭이 있고 화단에는 많은 정원수가 자리를 잡고 있으며 봄부터 가을까지 예쁜 꽃들이 앞을 다투어 예쁘게 피고 있다. 소박한 텃밭과 작은 정원이지만 남편의 소중한 땀방울들이 스며든 소중한 보금자리가 되었다.

2022년 2월에 명퇴한 후 3월에 전주로 다시 돌아오면서 성당은 예전에 다녔던 용머리성당으로 옮겼으나 수류성당은 또 다른 마음의 안식처가 되어주고 있다. 그곳에 가면 마음이 참 평온하다.

퇴직한 우리 부부에게 수류에 가는 일은 이제 빼놓을 수 없는 중요한 일과가 되었다. 수류에서의 잔잔한 일상들이 퇴직한 우리 부부의 삶을 더욱 풍요롭게 해 주고 있다.

  수류성당과의 인연이 아이들과 아이들의 아이들까지로 이어지는 꿈을 꾼다.

수류산방이 되기까지

 남편은 나이가 50이 넘으면서 은퇴 후에 전원생활을 꿈꾸며 끊임없이 좋은 장소를 찾아다녔다. 그와는 반대로 나는 도시의 아파트에서 살면서 경치가 좋은 곳을 한 번씩 여행 다니면 된다고 생각했기에 별로 관심이 없었다.
 전원생활의 불편한 점들을 떠올리며 벌레가 싫다, 추운 것도 싫다, 풀 뽑는 일은 힘들다 등 가기 싫은 이유를 앵무새처럼 말했다. 남편한테 시골에 혼자 가서 '나는 자연인이다.'로 살라고 했다.
 남편은 퇴직 후에 아파트에서만 사는 것은 너무 단조로우니 화단과 텃밭을 가꾸며 소일거리를 하며 살고 싶다며 몇 년 동안을 끊임

없이 졸랐다.

둘의 의견이 평행선을 걷다가 타협점을 찾아 전주에 살면서 가까운 곳에 자리를 잡고 주말이나 쉬는 날에 다니기로 했다. 오래전에 인연이 있는 수류성당이 있는 마을로 가면 신앙생활과 전원생활을 함께 할 수 있기에 '그래. 그동안 성실하게 직장 다닌 남편의 소원을 들어주겠다.'는 마음으로 2015년 여름에 1450㎡ 정도의 작은 땅을 샀다.

그 땅은 마을과 좀 떨어져 있고 산 아래에 있는 작은 5단으로 된 비탈진 밭이었다. 남편은 놀이터가 생긴 것처럼 신바람이 나서 가을부터 일꾼들과 함께 굴삭기로 진입로와 수로를 만들었고 땅도 평평하게 정리해 나갔다. 땅은 경사가 있어서 2단으로 하여 축대를 쌓았다.

모든 일들이 처음 시도하는 것이라서 시행착오를 겪으며 조금씩 터전을 닦아 나갔다. 전기도 없고 사용할 물도 없었으며 앉을 자리조차도 없었다. 화장실은 성당 화장실을 이용하며 오지 체험을 했다. 그러다가 2016년 봄에 전기가 들어오고 지하수를 파서 물이 나오며 상황이 좀 나아졌다.

제일 먼저 물탱크와 펌프를 보관할 작은 창고를 지었다. 지붕이 있고 앉을 공간이 있는 것만으로도 감사할 일이었다. 창고에서 도시락도 먹고 라면도 끓여 먹을 수 있었다.

　남편은 산에서 내려오는 물줄기를 보고 연못을 만들어 수련 등을 키우자고 했다. 주말에 가면 황무지인 그곳에 꽃을 심기 시작했다. 축대에는 국화를 심고 언덕에 지인들이 준 구절초, 데이지 등을 심었다.

　집은 짓지 않고 농막만 짓기로 약속했다. 이동식 농막이 경제적인 면에서는 저렴하였으나 남편은 몸이 약한 나에게는 전기 판넬보다는 보일러가 건강에 좋다며 직접 짓자고 했다. 주방의 위치, 화장실 크기 등을 함께 상의하여 남편이 설계한 후 그 여름에 짓기 시작했다. 작지만 쉴 공간이 생긴다는 것이 마음을 설레게 했다. 위, 아래의 땅 중에 윗부분에 40일 정도 공사를 하여 다락방이 있는 농막을 완성했다.

　추위를 많이 타는 나를 위해 단열제를 많이 넣어 벽이 두꺼웠고 작은 싱크대와 작은 붙박이장도 놓았다. 무엇보다 화장실이 생기니 천국 같았다. 신혼살림처럼 그릇과 이불도 새로 장만했다.

　방은 작지만 아늑하고 따뜻하여 주말마다 그곳에 가서 성당에도 가고 소꿉놀이처럼 전원생활을 했다. 작은 연못도 만들었다. 가끔 지인들도 와서 놀다 갔다.

농막인 작은 집의 이름을 뭐라고 지을지 고민하다가 갑자기 '수류산방'이라는 이름이 떠올랐다. 그곳 지명이 수류라서 '물이 흐르는 산에 있는 방'이라는 뜻으로 짓고 싶었다. 친구한테 말했더니 좋다고 하면서 자기 남편이 서각을 하니 하나 만들어 주겠다고 약속했다.

멋진 '수류산방' 서각을 선물 받아 걸어놓았더니 법정스님을 좋아하는 아들이 와서, "어머니! 수류산방은 법정 스님이 강원도 산골에 사시던 오두막집 이름이었어요. 법정스님이 물 흐르는 것을 좋아하셔서 일부러 계곡의 물줄기를 집 마당으로 흐르게 해놓고 '수류산방'이라고 지으셨대요." 하지 않는가.

"그렇구나. 어머니는 몰랐네. 여기에 수류성당이 있어서 어머니는 농막이 집이 아니라 방이기에 '수류산방'으로 지었거든. 그럼 돌아가신 법정스님께 죄송하다고 해야겠구나. 하지만 모르고 지은 거라서 도용은 아니야. 아마도 스님도 좋아하실 거 같다."고 답했다.

법정스님께 사죄드리고 우리는 계속 '수류산방'으로 하기로 했다.

수류산방은 동네와 떨어져 있으니 마을 사람들을 신경 쓰지 않아도 되지만 외져 있기에 무서워서 혼자 있지 못하니 그 부분은 좋지 않았다.

들어가는 입구에 메타세콰이아 나무들이 병풍처럼 둘러싸고 있는데 연초록빛 새순이 올라오는 봄과 붉게 물드는 가을에는 장관을 이룬다. 봄에는 벚꽃들이 예쁘게 피어 벚꽃놀이를 할 수 있었다. 게다가 오염이 안 된 청정지역이라서 여름밤이면 반딧불이를 볼 수 있었다. 처음에 시골에 오기를 싫어하던 나도 그곳에 가면 마음이 평온해지고 자연 속에서 힐링이 되어 좋아지기 시작했다.

농막을 짓고 다음 해인 2017년 봄에 잔디를 심고 화단도 만들었다. 처음 화단을 만들 때는 아담하게 만들었는데 만들고 보니 작아서 다시 좀 더 크게 늘렸다. 꽃씨를 뿌리고 자라는 과정을 지켜보면서 기쁨을 느끼고 행복해지니 자꾸만 더 욕심이 생겼다. 화원에서 멋진 나무나 예쁜 꽃들이 있으면 사다가 심었다. 제법 화단의 모습이 되어가는 듯 보였다. 그렇게 우리 부부는 주말마다 수류산방에서 평온하고 행복한 시간을 보냈다.

2019년 건축에 대해 잘 아는 지인이 놀러 왔는데 대지가 아니라서 화단을 만드는 일이 불법이라고 했다. 화단을 만드는 것은 농지를 대지로 변경한 후 가능하다는 것을 그제야 알게 되었다. 또한 대지로 변경하는 일은 집을 지은 후에 허가가 난다고 했다.

나는 잘못을 저지른 아이처럼 그때부터 가슴이 두근두근 뛰었고 어쩌다가 낯선 사람이 오면 꼭 우리를 잡으러 온 사람처럼 생각이 되었다. 농지인 상태에서는 우리 소유의 땅이지만 꽃을 가꾸는 일을 할 수가 없으니 참 답답할 노릇이었다.

남편은 내가 꽃과 나무의 사계절 변화를 감상하고 기뻐하는 것을 알기에 전원생활을 제대로 즐기기 위해서는 작은 집을 짓자고 했다. 농막을 지은 후 더 이상 일을 벌이지 말자고 했었는데 일이 점점 커지니 걱정이 되었다.

며칠 동안 어떻게 할 것인지 생각이 많아졌다. 고심한 끝에 우리 부부는 작은 평수의 소박한 집을 짓기로 의견을 모았다. 정말 우리 부부를 위한 방 하나에 거실, 주방, 화장실 2개인 20평의 작은 집을 설계사무소에 맡겼다. 법적인 부분도 잘 알아보고 추진했다.

2020년 건축 허가가 난 후 5월부터 본격적으로 집을 짓기 시작했다. 남편은 2021년에 정년이니 은퇴 후 준비를 제대로 하는 셈이었다.

건강을 생각해서 친환경적인 자재를 많이 넣었다. 외벽은 붉은 벽돌을 쌓고 그 안에 단열제를 넣은 후 실내는 흙벽돌로 쌓은 다음 편백나무로 거실 천정과 실내 벽의 아랫부분을 마감했다. 지붕은 징크 판넬로 했다.

2021년 1월에 집이 완성되었다. 농막에서 작은 집으로 이사를 했다. 농막도 집도 모두 작아서 '수류산방'이란 이름은 여전히 잘 어울렸다. 집에는 서각 '수류산방'이 있고 농막에는 서예 '수류산방'을 걸어 놓았다.

벽이 워낙 두꺼워서 겨울인데도 외풍이 없어 따뜻했고 현관에 들어서면 편백나무 향이 가득했다. 침대와 소파를 들여놓았더니 농막과는 다른 안락함이 있었다. 농막만으로도 처음에는 좋다고 했는데 좀 더 쾌적한 집이 생기니 마음가짐이 달라졌다. 거실은 통창은 아니지만 큰 창을 내니 멀리 있는 메타스콰이어 나무들과 화단의 꽃들도 모두 한눈에 들어왔다.

농막 앞에는 거실 같은 공간을 만들어 남쪽, 서쪽에 전체 긴 창을 냈고 난로를 놓았다. 추운 겨울이면 난로를 피워놓고 차를 마시며 밖의 풍경을 감상하는 것도 행복한 일상이 되었다. 꽤 넓은 공간으로 손님들이 오면 그곳에서 식사도 하고 차도 마시며 좋은 아지트 역할을 한다. 농막은 손님방으로 이용하고 있다.

대지로 변경했으니 맘껏 화단도 넓히고 사계절 내내 꽃을 볼 수 있도록 했다. 여기까지 오면서 많은 시행착오를 겪으며 우리 부부도 건축에 대해 많이 배웠다.

지하수를 팠을 때 천연암반수인 좋은 물이 콸콸 나오리라 기대했다. 좋은 수질의 지하수를 마시고 거기에서 이불 빨래를 해서 햇볕에 뽀송뽀송 말리고 싶었다. 검사를 해보니 식수 부적합으로 나왔고 기대한 만큼 지하수의 양이 많지 않아 세탁기를 돌리면 물이 부족해 실망했다.

  작은 연못을 만들어서 산에서 물이 내려오면 자연적으로 순환이 되리라 생각했는데 평상시에는 물이 없어 흐르지 않고 고인 물이 되어 연못을 다시 메꾸어서 없앴다.

  이렇게 기대가 실망으로 바뀌기도 했지만 이제 수류산방은 우리 부부에게 큰 몫을 해 주고 있다. 특히 코로나 때 쉼터 역할을 톡톡히 했고 부부가 퇴직한 후에는 집이 아닌 갈 곳이 있고 소일거리가 있어서 무엇보다도 좋았다. 지금은 남편의 뜻을 꺾지 않고 따라 주기를 잘했다고 생각한다. 한 가지 더 욕심을 낸다면 우리와 비슷한 프래의 이웃들이 주변에 생겼으면 한다.

  남편은 겨울이 오기 전 추위에 약한 나무들을 비닐로 덮어 주고 보온에 신경을 썼다. 내년 봄이 되면 화단에서 숨은 보물을 찾아다니느라 정신이 없겠지. 복수초를 시작으로 수선화, 무스카리, 튤립 등 봄꽃들이 여기저기서 '까꿍! 까꿍!' 하며 땅을 뚫고 올라와서 봄을 알리겠지. 봄이 되면 수류산방에서의 새로운 여정이 또 시작되리라.

수류산방의 집사

우리 부부가 만들어 놓은 시골집 '수류산방'에는 집을 지켜주는 늠름하고 멋진 청년 집사가 있다. 처음에 집사를 데리고 온다고 했을 때 나는 반대했다. 집사가 외딴집에 살면서 외로워서 우울증이 오면 어떻게 하냐고 절대로 안 된다고 했다. 남편은 가까운 곳에 친구도 있고 자기가 자주 다니면서 놀아주겠다며 걱정하지 말라고 안심시켰다.

그 이야기를 듣고 그 동네에서 친하게 지내는 정민이네가 마침 강아지가 있다고 데려가라고 했다. 멧돼지, 고라니 등 야생동물들이 자주 나타나기 때문에 개가 있으면 훨씬 든든하니 무조건 키우라고 말했다.

그 이야기에 귀가 솔깃해졌다. 남편이 알아서 돌본다고 했으니 내가 귀찮을 일은 없을 것 같았고 또 가끔 낮에 혼자 있으면 무서웠는데 의지가 될 것 같았다.

남편한테 강아지를 본 후에 키울지를 결정하자고 제안했다. 너무 사납거나 앙칼지고 예민하면 데려오지 않으려는 거였다. 막상 강아지를 만나보니 첫인상이 참 좋았다. 진돗개와 풍산개의 믹스견이라고 했다. 해맑게 웃는 것처럼 밝아 보였고 매우 온순하며 사람을 잘 따랐다. 사람들에게 밝은 기운을 주는 느낌이었고 생긴 것도 멋졌다. 우리는 서로를 바라보며 강아지가 마음에 든다고 고개를 끄덕였다.

강아지를 맞이할 준비를 했다. 집으로 올라오는 진입로 중간의 공터에 집을 마련했다. 길을 가로질러 길게 줄을 늘어트리고 거기에 목줄을 묶어서 활동 반경을 최대한 넓혀 주기로 했다.

강아지가 오기 전에 이름을 짓기로 하고 한참을 곰곰이 생각했다. 아파트에서 함께 사는 말티즈의 이름이 '희망이'이니, '기쁨이'로 부르기로 했다. 부를 때마다 작은 기쁨이 샘솟고 우리 집에 기쁨이 넘치길 바라는 마음이었다. '기쁨아, 기쁨아' 하고 몇 번 불러

보니 마음에 들었다.

남편은 기쁨이가 먹을 사료, 밥그릇, 물그릇 등을 준비했다. 예방접종에 대해서도 알아보고 접종 계획도 세웠다.

드디어 2021년 9월 마지막 토요일에 기쁨이가 왔다. 낯선 곳에 처음 왔는데도 풀이 죽지 않고 발랄했다. 사람을 아주 좋아했다. 남편은 시간 가는 줄도 모르고 밤늦게까지 같이 놀아주었다. 밤에 약간 낑낑거렸으나 비교적 조용히 잘 잤다. 아침 일찍 남편은 기쁨이와 산책을 다녀왔다. 강아지가 와서 바빠지기는 했으나 남편의 얼굴에 생기가 돌았다.

그해 6월 남편은 퇴직했고 나는 병 휴직 중이라서 많은 시간을 시골에서 생활하고 있었다. 계속 이어지는 시골 생활이 단조롭고 따분할 수도 있었지만 기쁨이가 작은 일상들을 소소한 기쁨으로 채워주었다.

기쁨이는 밥도 잘 먹고 활동적이어서 하루가 다르게 무럭무럭 폭풍 성장을 했다. 한 달 정도 지나니 마음도 안정되어 자기 집처럼 편안해 했다. 우리를 보고 자신이 따라야 할 주인인 줄 아는지 벌러덩 누워 배를 내놓고 복종하겠다면서 어리광을 부리곤 했다. 줄을 길게 해 주니 대견스럽게도 옆에 있는 밭에 가서 볼일을 보았다.

남편은 사료만 먹이지 않고 북어 껍질, 머리 등을 구해다가 푹 끓여 몸보신하도록 해 주었다. 가끔은 집 앞 잔디밭으로 데리고 와서 가까이 묶어놓기도 했다.

한 번은 기쁨이와 희망이를 가까이 놓아보았으나 희망이가 워낙 작아서 동생이지만 큰 덩치의 기쁨이가 무서운지 가까이 가려고 하지 않았다.

겨울이 되자 기쁨이는 어느 정도 성견이 되어 더욱 늠름해졌고 기품도 생겼다. 산책을 다녀오면서 고양이나 다른 개들을 보면 짖기도 하면서 주인을 지켜주는 것 같아 남편은 든든하다고 했다.

2022년 2월에 나도 명퇴하여 군산에서 전주로 이사하니 수류산방이 더 가까워졌고 우리 부부는 시간에 구애받지 않고 자유롭게 그곳을 찾았다. 우리가 가면 기쁨이는 온몸으로 반기며 맞았다. 그렇게 반갑게 맞이해 주는 집사 덕분에 우리의 마음도 편안하고 기분이 좋아졌다.

어느덧 기쁨이는 강아지가 아닌 씩씩하고 늠름한 청년이 되었다. 가끔 고양이도 놀러 오고 새들과 고라니도 왔다. 친구들이 오면 좋아하며 쫓지는 않았으나 식탐이 많아서 고양이나 새들에게 자기 밥을 절대로 양보하지는 않았다.

무더운 여름날 남편은 그 아이의 집이 햇볕에 노출되는 것이 안쓰러워서 그늘막도 해 주고 불볕더위 때는 시원한 물을 주어 목을 축이도록 했다.

기쁨이를 지극정성으로 돌봐주는 남편에게

"우리 집 강아지들은 보호자에 따라서 서로 성이 달라. 희망이는 최희망이고, 기쁨이는 윤기쁨이잖아."

"맞는 말이네." 하면서 둘이 한참을 웃었다.

더운 여름이 지나고 가을이 되었다. 어느 날 수류산방에 갔더니 낯선 발발이 강아지가 기쁨이 옆에 있었다. 털이 뒤엉켜 있었고 긴 털이 온 몸을 뒤덮어서 얼굴을 제대로 볼 수가 없었다.

"누구네 강아지지?"

"며칠 전부터 와 있었어. 얼마나 배가 고픈지 배가 등가죽에 붙은 거 같아서 밥을 주니 허겁지겁 먹더라고."

"아니 누구네 강아지인지도 모르면서 밥을 주면 어떻게 해요? 밥을 주어 계속 여기서 살면 안 되는데."

"목줄도 있고 주인이 있는 거 같으니 며칠 동안만 돌봐줍시다."

심란한 몰골이 못마땅했으나 한편으로는 가엾은 생각도 들어서 한동안 눈감아 주기로 했다.

그 아이는 우리 마음을 알았는지 꼬리가 떨어질 만큼 흔들며 애교를 부렸다. 기쁨이는 친구가 생겨서 좋은지 싸우지도 않고 잘 놀앉다. 하지만 먹는 것은 절대 양보가 안 되어서 밥이나 간식을 줄 때는 멀찍이 떨어져서 먹도록 했다.

 그 후로 수류산방에 가면 기쁨이는 묶여 있고 그 아이는 자유로운 상태라서 동네 어귀에 우리 차가 보이면 기쁨이 대신에 쏜살같이 달려와서 반겨주곤 했다. 가끔 없어졌다가 우리를 보고 나타나는 모습이 아마도 동네 강아지인 것 같았다.

 그렇게 생각지도 않은 식구가 생겼다. 낯선 고양이나 새들이 오면 산까지 쫓아버리고 기쁨이보다도 더 우렁차게 짖어댔다. 공짜로 밥을 얻어먹지 않고 밥값이라도 하려는 걸까. 나는 우리 집에 온 손님이지만 그 아이에게 이름을 지어주고 싶어 '해피'라고 불러 주었다.

 11월 말이 되어 추수가 다 끝나고 기온이 떨어져 된서리가 내린 토요일이었다. 수류산방에서 자고 새벽에 남편이 기쁨이 운동시켜준다며 산에 갔다. 보통 1시간 정도 있다가 오는데 그날은 20분 정도 지났을 때 돌아왔다. 밖에서 다급한 목소리가 들렸다.

 "기쁨이가 덫에 걸려서 피가 많이 나고 아무래도 뼈가 다친 것 같아 병원에 다녀올게."

 밖에 나가보니 기쁨이와 남편 모두 피투성이가 되어 있었다. 상태가 심각한 것을 알고 차 안에 담요와 큰 수건을 깔아주고 수건 몇 장을 넣어주며 다녀오라고 했다. 미안했지만 심장이 떨리고 무서워서 함께 갈 수가 없었다. 집에서 기다리면서도 다리가 후들거리고 가슴이 진정이 안 되고 두근거렸다. 어떤 상황인지 모르니 전화를 걸 수도 없고 애간장이 타들어 갔다.

세 시간쯤 지났을 때 남편이 돌아왔다. 그는 마음을 졸이며 애가 닳았는지 기진맥진한 상태였다. 남편의 손등은 상처로 엉망이고 기쁨이의 다리는 붕대로 칭칭 감겨 있었다.

"가까운 원평의 동물병원에 가려고 전화하니 거기는 뼈는 못 본다고 전주로 가라고 하잖아. 그래서 전주에 있는 동물병원에 가니 아침 8시라서 문을 열지 않았더라고. 다시 24시간 하는 동물병원에 가서 뼈에 이상이 있는지 엑스레이를 찍었는데 다행히도 뼈는 괜찮다네. 그래서 그나마 마음이 놓였지. 기쁨이 치료받고 나니 그때야 내 상처가 보였어.

간호사가 손등 상처를 보고는 동물병원에 있는 소독약으로 응급처치를 해 주었어. 다시 내과에 가서 치료받고 파상풍 주사까지 맞고 오느라 늦었네."

나는 놀란 가슴을 쓸어내리며 아무 말도 할 수가 없었다.

"기쁨이를 데리고 산 중턱까지 갔을 때 다른 때와 같이 목줄을 풀어주었지. 그러면 기쁨이가 산에서 이리 뛰고 저리 뛰면서 스트레스가 풀리는 것처럼 보였지. 어느 정도 뛰어다니다가 다시 나한테 오곤 했거든. 오늘은 목줄을 풀어주고 얼마 안 있다가 갑자기 비명이 들려서 황급히 쫓아갔더니 멧돼지 덫에 걸렸던 거야. 한 번도 그 덫을 풀어본 적이 없어서 풀려고 할수록 더 조여졌지. 기쁨이가 얼마나 아프고 정신이 없었는지 내 손등을 물은 거고. 그래도 주인이라고 한 번 물고 안 물더라고. 동네 아저씨한테 전화를 걸어 결국엔 그분이 오셔서 둘이 겨우 풀었지. 기쁨이하고 나하고 오늘 10년 감수했네."

남편은 병원에 데리고 가면서 기쁨이한테 어떻게 해서든 살려주겠다고 약속했단다. 그 후 하루에 두 번씩 기쁨이 상처 소독과 약을 먹여야 되어 그는 한동안 혼자서 수류신방에서 지냈다. 그 후 병원도 몇 번을 더 다녀왔고 기쁨이의 보양식으로 닭도 삶아 주고 북어와 된장을 풀어서 삶아 주기도 했다. 둘은 힘든 일을 겪은 후 남다른 동지애가 생겼는지 더 애틋하고 각별해졌다.

기쁨이가 치료받고 상처가 아무는 동안 옆에서 해피가 많은 위로가 되어주었다. 아픈 것이 가여웠는지 자기 집에도 안 가고 곁에서 지켜주었다. 한 달 정도 지나니 다 나아서 뛰어다니는 모습을 보니 감개무량했다. 그 사건 이후 기쁨이는 항상 목줄을 하고 산책을 다녔다.

알고 보니 해피는 산 중턱에 산막을 짓고 우리처럼 전주에서 오시는 아저씨네 강아지였다. 그는 해피가 우리 집에서 잘 지내는 것을 보고 묶어놓지 않았다고 했다.

봄이 되어 농사철이 되니 밭마다 땅을 일구어 씨앗을 심기 시작했다. 우리 집 근처의 밭에 농사를 짓는 아저씨가 해피가 밭을 마구 돌아다녀서 농사를 망치게 생겼다며 주인한테 묶어놓으라고 통화했다고 했다.

며칠 후 갔더니 해피가 보이지 않았다. 나도 좀 서운했는데 남편은 더 아쉬운 눈치였다. 기쁨이를 데리고 산책한 후 해피네 집에 다녀오기도 했다. 기쁨이와 해피는 그렇게라도 만나면 서로 반가워하며 좋아했다. 가끔 뼈다귀, 족발 등을 가져오면 해피에게도 가져다 주었다. 지금도 우리 차 소리와 목소리를 듣고 저 멀리 산막에서 해피가 반가워하는 소리가 들리곤 한다.

수류산방에는 가까이에서 지켜주는 기쁨이와 멀리에서 소리로 반겨주고 지켜주는 해피 두 집사가 있다. 기쁨이와 해피의 우정도 계속 이어지고 있다. 따뜻한 봄이 되면 해피에게 줄 맛있는 간식을 준비하여 나도 면회를 다녀와야겠다.

• chapter 4. 수류산방과 세 번째 드라마 •

귀한 손님

2023년 따뜻한 봄날, 우리 부부는 민박을 시작해 보기로 했다. 경제적인 면을 생각하기보다 삶에 활력소가 되고 생기를 불어넣기 위해서였다. 마을과 떨어진 산자락에 있는 한적한 수류산방에서 민박을 하면 사람들에게 방해도 받지 않아 찾아온 손님들이 좋아할 것 같았다.

많은 손님을 받기보다 우선 작은 두 채의 집을 아담하고 깨끗하게 지어서 준비했다. 우리 민박은 예약하는 일도 없고 숙박비도 받지 않는다. 먼저 들어온 손님이 우선권이 있다. 다만 한 쌍이 사이좋게 와서 새끼들을 낳아 행복하게 살다가 가길 바랄 뿐이다.

퇴직 후 목공을 시작한 남편은 올봄, 나무로 새집 두 개를 만들었다. 햇살 가득한 4월의 어느 따스한 봄날에 나뭇가지들이 늘어진 공작단풍나무 두 그루에 새집을 달아주었다. 사람이 인공적으로 만들어 놓은 집에 과연 어느 새가 들어와 줄 것인지 기대도 되고 마음이 설레었다.

5월 어느 날 1호 민박집에 한 쌍의 새가 들어왔다. 너무나 신기하고 가슴이 벅차올랐다.

어떻게 여기를 알고 찾아온 걸까? 우리 부부는 찾아와 준 새가 너무나 고맙고 기특하여 입을 다물 수 없었다. 감동의 순간이었다. 그때부터 행여나 새들에게 방해가 될까 봐 밖에서는 가급적 소리를 줄여가며 조심했다.

즐겁고 평온한 침묵을 계속 이어갔다. 새 부부는 서로 번갈아 가며 열심히 마른풀 등을 물어와서 새집 안에 보금자리를 만들었다. 이제 곧 알을 낳아 품으려고 좀 더 포근하고 아늑한 둥지를 만들기 위해 전념하고 있었다.

자세히 들여다보면 행여나 도망칠까 봐 가까이 가지를 못하여 아직은 새가 어떤 종류인지도 몰랐다. 우리에게 새 종류는 그다지 중요하다는 생각이 안 들었다. 참새처럼 작은 새이고 화려하지는 않으나 암컷, 수컷의 깃털 색이 다른 한 쌍임을 알게 되었다.

• chapter 4. 수류산방과 세 번째 드라마 •

일주일 후 갔더니 소나무에 앉아있는 새가 우리를 의식하며 자꾸 곁눈질하고 있었다. 자세히 살펴보니 수컷 딱새였다. 검은색, 흰색, 주황색 계통의 깃털을 가졌고 크기는 참새만 했다. 꼬리를 까딱까딱 상하로 흔들며 계속 소리를 내는데 "딱딱딱"같이 들리기도 했고, "끽끽"처럼 들리기도 했다.

새집 안에 있는 암컷 딱새한테 경계하라고 이야기하는 듯했다. 가끔 연한 갈색의 암컷 딱새가 얼핏얼핏 보이기도 했다. 암컷 딱새는 둥지 안에 있는 듯 없는 듯 소리도 내지 않고 꼼짝도 하지 않으며 알을 품고 있었다. 잠깐씩 자리를 비우기도 했으나 금세 돌아와 있었다.

가까이에서 딱새들의 생활을 관찰하고 있다는 사실이, 마치 생생한 자연 다큐를 보고 있는 것 같아 참으로 경이로웠다. 그렇지만 딱새들의 생활을 방해하고 싶지는 않아서 사진이나 동영상을 찍지는 않았다.

3일 후, 드디어 2호 민박집에도 다른 딱새 부부가 들어왔다. 부부가 함께 오가면서 지푸라기 등을 물어 나르며 부산스럽게 새집 안에 둥지를 만들기 시작했다. 그 안을 엿볼 수 없기에 둥지를 잘 틀어 새끼들을 건강하게 잘 키워 떠나가기를 바라는 마음이었다.

어느덧 2호네의 둥지 만들기도 마무리되었다. 알 낳기 직전인 거 같았다. 새가 한꺼번에 알을 낳지 않고 하루에 한 개씩 낳는다는 것과 모든 아기새들의 고른 성장을 위해 모두 낳은 후에 알을 함께 품는다는 사실도 책을 통해 알게 되었다.

며칠 후 2호의 암컷 딱새도 알을 품는지 밖에 나오지 않았고 수컷 딱새만 들락날락하며 주변을 살폈다. 두 가정이 이제는 알을 다 낳아 엄마새가 품고 있는 시기였다. 두 집에서 엄마새들이 빼꼼히 고개를 내밀고 경계하고 있었다. 아빠새들은 근처에서 끽끽 소리를 내며 곁을 떠나지 않고 지켜주고 있었다.

갑자기 두 딱새 부부들이 무사히 아기새들을 키워낼 수 있을까 걱정이 되었다. 우리가 집을 비운 사이 고양이나 다른 동물들이 해칠까, 뻐꾸기가 천적이라고 하던데 혹시나 와서 해코지할까 염려스러웠다. 남편에게 딱새 가족이 새끼를 낳아 떠날 때까지 되도록 자주 와서 지켜주자고 했다.

알을 품은 지 2주 정도 지난 어느 날, 1호네 집에서 갓 알을 깨고 나온 듯 붉은빛의 아기새들이 목을 쭉 빼고 입을 크게 벌린 모습이 보였다.

몇 마리가 태어났는지 확인할 수가 없었다. 아빠새, 엄마새가 끊임없이 먹이를 물고 왔다. 먹이를 물고 와서 곧바로 둥지로 들어

가지 않고 기다리고 있을 때가 있었다. 아기새들이 배고파서 먹이를 기다릴 때는 엄마새가 근처에 나타나면 둥지 안이 서로 먹이를 달라고 소란스러운데 조용히 잠자고 있으면 부모 새들은 기다려 주는 거 같았다.

   아기새들이 자라면서 작은 변화들이 있었다. 알에서 바로 깨어났을 때는 아무 소리가 느껴지지 않다가 며칠 지나니 엄마새가 나타나면 먹이를 달라고 "띠띠띠띠!" 아주 작고 귀여운 아기 새들의 소리가 들리기 시작했다. 날이 갈수록 아기 새들의 움직임이 더 부산스러워졌으며 날마다 소리도 더 시끄러워졌다. 녀석들이 스스로 집 밖으로 고개를 내밀기 시작했다. 한 마리만 보이더니 이어서 또 한 마리가 "까꿍"하고 나타났다. 혹시나 집이 너무 좁아 서로 밀치기라도 해서 아래로 떨어질까봐 겁이 났다.
   딱새네 가족 보는 재미에 푹 빠져서 화단의 꽃은 눈에 들어오지 않았다. 화단에 물도 주어야 하고 풀도 뽑아야 했건만 혹시나 사람이 가까이 가면 아기새들을 제대로 건사하지 못할까 봐 모든 일을 잠시 멈추었다.
   주객이 전도되어 둥지를 튼 딱새 가족들이 이 집의 주인이 되었다. 우리가 전세를 살며 주인 눈치를 보고 있는 거 같았다. 하지만 주눅이 든 눈치가 아니라 즐거운 눈치였다. 이곳을 안전하다며 둥지를 틀었으니 녀석들이 잘 자라서 날아가기만을 기다려 줄 뿐이었다. 우리 부부는 될 수 있으면 집안에서 그 광경들을 지켜보고 소리도 조심했다.

일주일 뒤 2호네 집에서도 아기새들이 얼핏 보였다. 이제 갓 깨어나온 듯 핏덩이처럼 느껴졌다. 아빠새가 먹이를 입에 물고 소리를 계속 내며 둥지 주변에 앉아있기도 했고 아기새들의 배설물을 물고 나올 때도 있었다. 엄마새는 쉴 새 없이 벌레를 가져다 날랐고 녀석들이 태어난 후 경계심이 더욱 많아졌다. 눈도 뜨지 못한 채로 털도 없이 벌거숭이처럼 태어난 아기새들을 보호하고 키우기 위해 부모가 일사분란하게 움직이며 온몸으로 돌보았다.

아빠 딱새가 혼자 앉아있는 것을 가까이에서 지켜보았다. 엄마새가 아기에게 먹이를 먹이는 동안 주변을 지키면서 아빠새가 특유의 소리를 쉼 없이 계속 냈다. 딱새는 울 때 꼬리까지 떨며 소리를 내어 다른 새들과 달리 "딱딱" 소리가 나는데 그래서 딱새라고 이름이 지어졌다고 한다. 엄마새가 둥지에서 아기새에게 먹이를 주며 건사하는 동안 아빠새가 내는 그 소리와 몸짓은 천적으로 새끼를 지키기 위한 처절한 부성애처럼 느껴졌다. 이렇게 딱새는 부부가 함께 힘을 모아 아기들을 정성껏 키우고 있었다.

그러던 어느 날 1호네 아기새들의 얼굴이 구멍으로 보이며 나오려고 날갯짓을 하는 모습이 보였다. 집안 창가에 앉아 그곳에 시선을 고정한 다음 한나절을 1호네만 바라보았다. 둥지에서 녀석들이 앞다투어 나올 것처럼 보였다.

마침내 둥지에서 녀석 두 마리가 나왔다. 이제 제법 털빛도 나와 암컷과 수컷이 구분되었다. 두 마리가 날아올랐다가 바닥으로 내려와서 아장아장 걷고 있었다. 아빠새, 엄마새가 가까운 감나무에 앉아 아기새들한테 "옳지! 잘한다. 힘내라. 힘!"하면서 응원해 주는 듯했다. 녀석들은 마당을 겁 없이 아장아장 돌아다녔다. 두 마리가 나온 후 밖으로 얼굴을 빼꼼히 내밀던 나머지 한 녀석도 날아올랐다. 멀리 가지는 않고 가까이에 있는 주목의 나뭇가지에 앉아 있다가 힘들었는지 잔디밭으로 내려왔다. 그 녀석까지 셋이 날기도 하고 자유롭게 걸어 다니며 놀았다.

잠시 볼일을 보고 오후에 나갔더니 둥지에 이미 아기새들의 흔적은 없었다. 녀석들이 모두 둥지를 떠났다. 좀 떨어진 곳에서 새끼 한 마리가 보였는데 주변에 엄마새가 나타나 날아오르는 것을 지켜보며 안심시켜 주고 있었다. 저녁 이후로는 부모새도 돌아오지 않아 그렇게 1호네 딱새 가족이 모두 떠났다. 둥지를 떠난 딱새들은 다시 둥지를 찾아오지 않았다. 민박집 1호가 짧지 않았던 기간 동안 역할을 충실히 해낸 것이다.

그동안 2호네는 공작단풍나무 사이에서 아기새들의 소리만 들렸었는데 며칠 후에 갔더니 그 옆의 주목나무, 단풍나무 쪽으로 범위를 넓혀가며 날갯짓을 하고 있었다. 숨을 죽이며 가까이 가지 않고 멀리 피신했다.

녀석들 네 마리는 화단에 숨기도 하고 조금 더 앞의 잔디밭으로 나오기도 했다. 엄마새, 아빠새가 "어디 있니? 멀리 가면 안 돼?" 하고 이야기하면 "저 여기 있어요. 걱정마세요." 하는 소리를 내기도 했다.

이틀 후 갔더니 아기새들이 포르르 날아 잔디밭 위로 살포시 내려왔다. 얼른 따라갔더니 잽싸게 또 날아갔다. 녀석들이 저렇게나 빨리 날아가다니 정말 신기했다.

다음 날 2호네 딱새 집을 보았더니 허전한 느낌이 들었다. 모두가 떠나고 텅 비어 있었다.

둥지를 틀고 떠나기까지 만 5주 정도의 시간이 지난 듯했다. 6월에 두 딱새 가족을 떠나보내고 남겨진 텅 빈 집을 볼 때마다 가족을 떠나보낸 듯 허전했다. 우리 집에 첫 손님으로 찾아온 딱새 가족들은 다행히 아기새들이 건강하고 안전하게 새로운 출발을 하여 잘 마무리되었다.

부모새가 아기들을 위해 장대비가 오는데도 먹이를 나르고 부지런히 최선을 다하며 사는 모습을 보면서 마음이 숙연해졌다. 그 해의 우리 민박집은 대성공했다. 지저분한 두 민박집을 말끔하게 청소하고 내년에 올 새로운 민박 손님을 기대해 본다.

낯선 침입자

　수류성당이 자리한 김제 화율리에 농막을 짓고 난생처음 맞는 가을인 것처럼 가을을 맞고 있던 어느 날, 농막 뒤편 산자락에서 뭔가 떨어지는 소리가 들렸다. 두 그루 밤나무에 매달린 밤송이에서 밤이 떨어진 소리였다. 그토록 작은 밤알이 그렇게 큰 소리를 만들어낼 줄은 몰랐다.

　주운 밤을 남편에게 보여주며 전원생활에 대한 송가를 나누고 있을 때, 불쑥 다람쥐가 나타나 농막을 몇 바퀴를 돌고 나서는 바위 위에 앉아 나를 뚫어지게 바라보았다. 다람쥐를 마주 바라보다가 불현듯 다람쥐의 눈빛에서 "왜 우리 먹이를 빼앗아가요?"라는 질타가 읽혔고, 우리가 침입자라는 사실을 깨달았다. 전 세계에 출몰하는 관광객을 바라보며 원주민들이 느끼는 불편하고 경계하는 마음을 다람쥐도 고스란히 느꼈을 것이다. 어떤 방문이든 친교의 한편에 침범의 속성을 품고 있기 때문이다.

미안한 마음이 들어 더는 밤을 줍지 않았으나 문제가 해결된 건 아니었다. 우리가 도시에 나가 있을 때는 편히 지내다가 농막을 찾을 때마다 비상사태를 맞을 게 분명했다. 농막에 가면 다람쥐의 삶을 방해하지 않으려고 애를 썼다. 이후로도 다람쥐와 눈을 마주치곤 했는데, 마주침이 늘어나며 경계하거나 피하는 정도가 줄어드는 것 같았다. 착각이었을지도 모른다.

2017년 지은 농막만으로는 시골 생활을 유지하기 어려워, 2021년 농막 옆에 작은 집을 지었다. 이전보다 쾌적하고 편리한 일상이 되었지만, 미처 가늠하지 못한 일들이 벌어졌다.

초가을 어느 날, 빨래를 하려고 남편한테 빨래할 옷이 있는지 물었다. 남편은 농막 옆 창고에 벗어놓은 옷을 가져다가 세탁기에 넣었다. 세탁이 끝난 후 옷을 꺼내는데 갑자기 칼로 벤 듯한 통증이 손가락으로부터 타고 올라왔다. 세탁기 안에 커다란 지네가 몸부림치고 있었다. 동네가 떠나갈 듯 소리를 지르며 남편을 찾았다.

놀란 남편이 허겁지겁 뛰어들어왔다. 울면서 세탁기 안에 지네가 있다고 말했더니, 급한 마음에 맨손으로 지네를 꺼내다가 남편도 손가락을 물리고 말았다. 시간이 지날수록 물린 상처는 부어올랐고 통증은 손가락이 끊어질 듯 심해졌다.

가까운 원평의 병원에 가서 소염진통제와 항생제 주사를 맞고 약을 처방받았지만, 얼마나 독이 강했는지 열흘이나 지난 후에야 통증과 부기가 가라앉았다. 지인들이 얘기했던 '벌레와의 전쟁'이 실제로 벌어진 것이었다.

벌레를 유독 무서워하고 싫어하는 탓에 앞으로 어떻게 살 것인지 걱정이어서 친한 신부님께 남편을 원망하며 사건을 전했더니, "지네 한 마리만 있겠어요? 할아버지, 할머니, 엄마, 아빠, 아이들 온 가족이 있을 텐데요. 율리안나 자매님! 큰일 났네요. 이제 무서워서 어디 가겠어요? 스테파노 형제님만 수류에 보내세요."하시며 놀리셨다. 징그러운 사물이 아니라 인간과 다르지 않은 연원을 품은 생명체로 받아들이라는 말씀이셨겠지만 여전히 쉽지 않은 숙제로 남아있다.

무서운 일만 있었던 건 아니다. 여름이면 화율리에 반딧불이가 나타났다. 수류성당에서 봉직하셨던 신부님께서 마을 분들에게 다슬기가 사라지면 반딧불이도 사라지니 다슬기를 지켜달라고 부

• chapter 4. 수류산방과 세 번째 드라마 •

탁하셨다고 했다. 이웃집 아저씨가 이야기를 전해주면서 다슬기는 잡지 말아 달라고 부탁했다.

2023년 어느 여름날 지인들이 '수류산방'이라 이름 지은 집에 놀러 왔다. 저녁 식사 후 마당 한쪽에 장작불을 피워놓고 별들이 가득한 밤하늘을 보며 이야기를 나누고 있었는데, 누군가 벌떡 일어서며 "와! 반딧불이다!"하고 탄성을 질렀다. 몇 차례의 탄성이 이어진 후 잔잔한 침묵이 찾아왔다. 반딧불이가 불러온 빛나는 침묵이었다. 그 침묵을 바라보며 반딧불이가 사는 청정지역에 산다는 사실에 마음 뿌듯했고, 절대로 제초제와 농약을 하지 않겠다는 결심을 다졌다.

2023년 여름에는 유난히 비가 잦았다. 남편이 다시 직장을 다니기 시작해서 풀을 전처럼 뽑지 못했다. 어느 날 찾아갔더니 텃밭의 채소들은 긴 장마에 녹아버리고 오히려 풀은 꿋꿋하게 사람 키만큼 자라있었는데, 고라니가 풀숲에서 뛰쳐나와 산으로 도망쳤다. 자주 가지 못했더니 안전한 곳이라고 생각하고 풀숲에 쉼터를 마련했던 것 같다.

풀 뽑기 작업을 한 후에는 더 이상 찾아오지 않았지만, 아주 떠난 건 아니었다. 가을이 되어 아래쪽 밭에 정민이네가 배추와 무를 심었다. 밭 옆에 우리 진돗개 '기쁨이' 집이 있었는데도 어느 날 고라니가 찾아와 예쁘게 자라고 있던 배추와 무의 어린 순을 모두 뜯어 먹었다.

 정민이 엄마는 기쁨이가 짖지도 않았다고 서운해하셨다. 혼자서 심심하던 차에 고라니의 출현이 반가웠는지도 모른다. 그 후 정민이네는 울타리를 치고 나서 다시 배추와 무를 심었다. 넘지 말아야 할 경계를 만들었지만, 인간과 고라니가 동의하여 만들어진 경계는 아니었다. 인간과 다른 생명체가 동의하고 만든 경계가 단 하나라도 있기는 할까. 안타깝게도 인간은 다른 생명체가 인정하지 않는 경계를 고집하고 그 고집을 같은 인간에게도 강요한다.

 수류산방 터는 산비탈에 여러 층으로 겹겹이 만든 작고 좁은 다랑논이었다고 했다. 지대가 높고 계곡에서 내려오는 물이 부족해서 우리가 샀을 때는 밭이 된 상태였다. 그 조용한 산골의 작은 밭에 어느 날 굴삭기가 들어와서 땅을 파헤치고 터를 닦으며 축대를 쌓았을 때, 그곳이 터전이었던 동물들은 강제로 이주당한 아메리카 인디언들의 심정을 느꼈을지도 모른다.

 어느 부족의 것인지 정확히 밝혀지지 않았지만, 인디언들의 지혜가 담긴 것으로 알려진 경구가 있다. "대지를 잘 보살펴라. / 그

것은 네 선조가 네게 주신 것이 아니라 / 네 후손이 네게 빌려준 것이니 / 우리는 선조로부터 대지를 물려받지 않는다. / 다만 우리는 그것을 우리 후손한테서 빌려올 뿐이다."

연원의 정확성과 상관없이 새겨야 할 말이다. 다람쥐, 지네, 반딧불이, 고라니와 만나고 작은 사건들이 이어지는 산골 마을에서의 삶이지만, 우리가 소유했다고 믿는 땅이 후손의 것을 잠시 빌려 쓰는 것임을 마음에 새겨넣어야 한다. 그리고 후손을 모든 생명체로 확대해야 한다.

수류산방은 대륙과 비교할 수 없는 작은 영역이다. 그렇다고 빚진 마음을 벗어날 수 있는 것은 아니다. 더 이상 훼손하지 않고 원래 주인이었던 다람쥐와 반딧불이에게 낯선 침입자가 되지 않도록 노력하는 것, 그것이 생의 숙제가 되었다. 그런 숙제를 피할 수 있는 공간은 어디에도 없을 테지만, 내게는 피하고 싶은 숙제가 아니다.

즐기는 시간의 의미

직장이 있는 군산에서 4년을 살다가 2022년 3월에 다시 전주로 돌아왔다. 군산에서의 4년은 내 인생의 암흑기 중 하나였다. 주말부부로 혼자서 외롭게 지낸 데다가 코로나로 인해 대면이 어려워지면서 지인들과의 관계까지 멀어졌다.

엎친 데 덮친 격으로 대상포진 때문에 낸 병가가 휴직으로 이어지며 직장을 6개월 동안 쉬게 되었을 때는 캄캄한 터널 속에 갇힌 기분이었다. 결국 2022년 2월 명퇴했다.

사람이 목말랐던 우리 부부는 묵은 친구들이 있는 예전에 다녔던 용머리성당 근처로 이사를 했다. 오랜만에 성당에 다시 나갔을 때 새로 오신 신원철 신부님과 수녀님, 많은 교우들의 따뜻한 환대가 꽁꽁 얼어 있던 마음을 녹여주었다. 객지에서 떠돌다가 가족들이 사는 내 집으로 돌아온 기분이 들었다. 지금도 따뜻한 온기가 느껴졌던 그 순간을 생각하면 가슴에서 뜨거운 것이 올라와 눈물이 핑 돈다.

성당에 가보니 남편이 활동했던 〈은총의 샘〉 레지오(성당의 신심단체)가 코로나와 여러 가지 사정으로 인해 단장님과 부단장님만 남아 회합도 거의 하지 못하고 없어질 위기에 있었다. 부단장님은 퇴직 후 직장을 다시 다니는데 교대근무로 거의 나오지 못하는 형편이었다.

남편은 레지오를 살리기 위해 먼저 우리 부부와 단장님 부부가 시작해 보자고 제안했다. 오랜만에 4명이 회합을 시작했다. 그 후 부단장님과 전에 단원이었던 그레고리오 형제님도 다시 나오게 되었다.

친한 교우들에게 권유하며 애쓰는 모습을 보시고 신부님도 도와주셨다. 가깝게 지내는 동생 부부도 들어와서 2개월이 지나 단원이 10명이 되었다. 유스티나 수녀님께서는 우리가 모임을 가진 10회합실에서 이름을 따 '10번방의 기적'이라며 놀라워하셨다. 다른 레지오 단원들이 정말 〈은총의 샘〉에 기적이 일어났는지 직접 찾아오셔서 확인했다.

매년 한 차례 열리는 '연총'(연합 총친목회)이 코로나 때문에 3년 동안 열리지 못하다가 2022년 12월 마침내 다시 열렸다. '연총'은 각 레지오 별로 장기자랑을 하며 친목을 다지는 행사인데, 우리 팀은 〈난타〉를 공연하기로 했다. 단원 가운데 글라피나가 예전에 〈난타〉 강사를 해서 어렵지 않게 결정했다.

하지만 몸치에다 체력까지 약한 나는 상당한 체력 소모가 뒤따르는 〈난타〉를 해낼 수 있을지 걱정부터 앞섰다. 기본 동작도 모르는 상태에서 겨우 한 달 동안 연습해서 무대에 서는 것이 과연 가능할지 의문이 들었다. 어디론가 도망가고 싶은 심정이었지만 다른 단원들이 모두 할 수 있다고 의지를 불태우는 상황이어서 따라갈 수밖에 없었다.

남편은 겁부터 내는 나를 달래면서 "당신도 충분히 할 수 있어. 걱정하지 마."라며 용기를 북돋아 주었다. 직장이 있는 단원들은 퇴근 후 곧바로 성당으로 달려왔고, 우리는 하루도 빠지지 않고 열심히 〈난타〉를 연습했다. 혼연일체가 되어 열정적으로 연습 중인 단원들을 위해 저녁 식사 대신 구운 계란, 구운 고구마, 빵, 떡, 두유, 따뜻한 차 등 간식을 정성껏 준비해 갔다.

집에서도 동영상을 보고 얼마나 많은 연습을 했는지 손바닥 곳곳에 물집이 생겼다. 남들이 열 번 연습하여 익힌 것을 나는 백 번을 연습해야 겨우 따라갈 수 있었다. 집에서는 연습하지 않는 남편에게 "왜 연습을 안 하냐?"고 하니 "즐기면 된다."라는 답이 돌아왔다. 누가 그걸 모르나? 사람마다 즐기는 시점이 다르게 오는 걸!

드디어 '연총'날이 되어 무대 위에 올라갔다. 떨리기도 했으나 한편으로는 설레는 마음도 들었다. 단원들 모두는 정말 신명 나게 북을 두들겼다. 박자와 가락에 맞추어 동작을 일치시켰고 신나는 음악에 맞게 멋진 공연을 해냈다. 공연하는 동안 지켜보신 분들이 많은 호응을 해 주셨다. 공연이 끝나고 모두 우레와 같은 박수와 함성을 보내주셨고 잘했다고 입을 모아 칭찬하셨다.

어느 날 신원철 신부님께서 말씀하셨다.

"율리안나 자매님은 너무나 심사숙고하여 마치 난타 연구소를 차린 줄 알았어요. 너무 거룩하게 하는 거 같네요."

난타하는 모습을 흉내 내시며 웃으셨다. 그때부터 내 별명이 '난타 연구소 소장'이 되었다. 얼마나 소질이 없으면 실수하지 않으려고 안간힘을 쓰며 했을까. 오리가 연못 위에서 우아하게 보이려고 물 밑에서 물갈퀴를 바쁘게 움직이며 자맥질하듯 나도 그랬다.

우리 팀은 잘한 팀으로 뽑혀 성탄절에 열리는 〈성탄 예술제〉에서 공연을 다시 해 달라는 요청을 받았다. 단원들은 했던 것을 재탕하는 것은 재미없으니 새로운 것으로 준비하자고 했다. 음악을 캐롤로 바꾸었고 거기에 맞게 새로운 안무를 만들었다.

이번에도 의지를 불태우는 단원들 뒤에서 '한 달도 안 남았는데 어떻게 따라가지?' 하는 걱정부터 또 앞세우고 있었다. 그 모습을 본 남편이 지난번처럼 하면 된다고 다시 다독여 주었다.

또다시 혹독한 연습을 했다. 단체 연습 이후에도 집에서도 시간만 나면 연습했다. 근육이 뭉치기도 했고, 몸살이 나기도 했다.

단원들의 열기는 뜨거웠고 열정적이었다. 반짝이 조끼와 모자, 흰색 티셔츠로 의상을 준비했다. 3주 만에 다시 크리스마스 무대에 섰고, 모두가 환호성을 지르며 뜨거운 응원을 해 주셨다.

우리는 기대 이상으로 멋지게 해냈다. 신나게 두들기던 남편이 북채를 놓치고 한 형제님이 조끼가 벗겨지는 작은 돌발도 있었지만, 신나는 북소리와 몸놀림이 보는 분들까지 어깨를 들썩이게 한 공연이었다. 우리 팀은 최우수상을 받아 상금 30만원을 받았다.

전주로 다시 돌아와 옛 친구들을 만나고 난타를 연습하는 과정에서 어두운 고치 안의 애벌레가 나비가 되어 밝은 세상 밖으로 날아오른 기분이었다.

• chapter 4. 수류산방과 세 번째 드라마 •

단원들은 〈난타〉를 연습하며 더 한 가족처럼 가까워졌고 무에서 유를 창조한 것처럼 의지가 불타올랐으며 뭐든지 할 수 있다는 자신감으로 충만했다. 내년에도 계속하자며 의기투합했다.

겨울이 지나고 2023년 5월이 되어 우리는 목요일 레지오 회합이 끝나면 〈난타〉 연습을 다시 시작했다. 처음처럼 열심히 한 것은 아니었지만 일주일에 한 번은 연습하려고 노력했다.

2023년 여름은 물 폭탄을 퍼붓듯이 비가 많이 내렸다. 성당 지하에서 연습하다가 물바다가 되어 영성관 2층으로 옮겨 몇 주 동안 연습했다. 창문을 닫고 해서 별 무리가 없다고 생각했는데 어느 날 경찰차가 출동했다. 너무 시끄럽다는 민원이 들어왔다고 했다. 조심하겠다고 약속하고 곰팡내 나는 지하로 다시 연습 장소를 옮겼다.

〈난타〉를 연습하면서 스트레스가 해소되어 즐거웠고 운동도 되어 팔에 근육이 생겼다. 다른 신자들이 부러워하며 함께하고 싶어했다. 단원들은 열심히 땀 흘리며 연습한 후 마시는 시원한 맥주 한 잔이 꿀맛이라고 했다. 신심단체에서 〈난타〉 동아리 활동을 함께하니 일석이조인 셈이었다.

12월 초에 연총 행사가 있어서 11월부터는 본격적으로 연습했다. 작년보다는 좀 더 수준이 높아야 한다며 글라피나 선생님이 욕심을 냈다. 가르치는 선생님이 제일 막내였지만 단원들도 잘 따라 주어 언제나 화기애애한 분위기 가운데서 연습했다.

　청바지에 청조끼로 새로운 의상을 준비했다. 물론 몸치인 나는 작년처럼 혼자서 많은 연습을 했다. 좀 더 자연스럽고 신바람 나게 하려고 나름대로 노력했다. 신부님한테 다시 '난타 연구소장'이라는 별명을 듣고 싶지 않았다.

　〈은총의 샘〉 난타팀은 용머리 성당에서 제일 유명한 팀이 되었다. 연총에서 우열을 가리지는 않았으나 당연한 듯 다시 〈성탄 예술제〉에 참가하기로 했는데, 다른 참가 단체에서 제동을 걸었다. '은총의 샘이 워낙 막강하니 경쟁이 안된다. 그 팀을 따로 해 달라'는 건의가 들어왔다고 했다.

　신부님과 사목회에서 상의해 우리 팀은 최우수상과 똑같은 특별상으로 하고 나머지 팀들끼리 겨루기로 했다. 공연하기 전에 미리 상이 정해져서 약간 김이 새기는 했으나 우리는 최강팀의 명성에 맞게 최선을 다해 준비했다.

　드디어 24일 크리스마스 이브날 저녁에 무대에 올랐다. 이전만큼은 떨리지 않았고 나 스스로 신나게 즐기면서 공연했다. 공연하는 동안 관객들의 반응이 정말 좋았고 만족스럽다는 듯이 흐뭇한 표정을 지으셨다. 신부님과 수녀님들도 밤마다 시끄럽게 열심히 연습한 것을 알기에 열렬한 박수로 응원해 주셨다.

　우리는 성공적으로 공연을 마쳤다. 신부님께서 우리 팀이 전체 분위기를 살려주었다고 하셨고 이번에는 힘 있고 신나게 했다며 '난타 연구소장'이라고 놀리지 않으셨다. 벨라뎃다 수녀님과 엘리사벳 수녀님은 너무 잘해서 한 번만 공연하기가 아깝다며 교구나 다른 성당 행사에서도 계속 공연하기를 바라셨다.

　오르기 어려운 세계로만 느껴졌던 〈난타〉를 해낸 것은 남편의 격려 덕분이었다. 연습벌레가 되어 안간힘을 썼던 나와 즐기면서 흥에 겨워하는 남편의 모습을 떠올려 본다.

　결혼 후 지금까지 살면서 남편을 '베짱이'라고 놀렸다. 하지만 쉼 없이 일을 하는 것만이 옳은 것은 아니었다. 〈난타〉 공연은 '즐기는 자가 이기는 거야'라는 교훈을 주었다.

　우리 레지오는 〈난타〉를 계속 연습해 요양원, 요양병원 등에 공연 봉사를 다니자고 서로를 독려하고 있다. 2024년도에는 단원이 2명이 늘어 12명이 되었고 다시 난타 동아리 활동을 하고 있다. 새로 오신 권완성 신부님께서도 우리 레지오의 난타에 관심이 있고 많은 기대를 하고 계신다.

　앞으로는 인생을 너무 신중하고, 완벽하게만 살지 않고 자신을 좀 더 너그럽게 대하며 진정으로 즐기는 자로 살고 싶다.

세 번째 무대

　아프기 전까지는 특수교사가 천직이라고 생각했다. 장애 학생들의 손과 발이 되어주고 '아낌없이 주는 나무'처럼 사랑하고 또 사랑하며 35년을 교직에 몸담았다.
　2021년 여름, 두 번째 대상포진이 머리로 왔다. 몸과 마음이 지칠 대로 지쳐서 마치 고치 속에 갇혀 꼼짝달싹도 할 수 없을 만큼 몹시 힘들었고 몸서리쳐질 만큼 아팠다.
　병 휴직 중의 어느 날 박노해 시인의 글 중에서 '쉼표가 없는 악보는 노래가 될 수 없다.'를 읽고 온몸에 전율이 왔다. 앞이 보이지 않는 칠흑과 같은 어둠 속에서 한 줄기 빛이 섬광으로 다가왔다.

• chapter 4. 수류산방과 세 번째 드라마 •

마침표가 필요한 때였던 것 같다. 한 구절의 문장이 인생의 전환점이 되었다. '누구보다 나에게 지금 쉼표가 절실히 필요하구나.'를 느낀 후 마침내 마침표를 찍었다. 2022년 2월 명퇴했다.

남편은 8개월 먼저 정년퇴직했다. 퇴직 후 군산에서 목공을 배우러 다녔고 의자, 서랍장, 탁자, 간이식탁, 약상자, 꽃차 진열장 등을 만들었다.

손끝이 야무져 뭘 하든 멋진 작품을 만들어냈다. 심혈을 기울여 작품을 만드는 일에 보람을 느끼고 뿌듯해했다. 전주로 이사를 오면서 여러 가지 사정 때문에 목공을 계속하지 못했다.

한 번은 모임에 갔더니 친한 언니가 속이 더부룩하고 답답해 병원에 다녀왔다고 했다. 의사 선생님이 이렇게 말씀하셨다고 전했다.

"집에 '삼식이' 있습니까?"

처음에는 무슨 말인지 못 알아듣고 있다가

"네. 퇴직한 남편이 집에 있어요."

"바로 그게 원인입니다. 갑자기 남편이 퇴직하고 집에 같이 있으면 힘든 겁니다. 남편이 밖으로 나가던지 아주머니가 나가셔야 속이 뻥 뚫립니다."

언니네는 그 일이 있고 나서 각자 외출도 하고 각자의 모임에도 나가고 때로는 형제님 혼자 며칠씩 본가에 다녀온다고도 했다. 그랬더니 정말 속이 편안해졌다고 말하여 듣는 이들이 모두 한바탕 웃었다. 우리 부부도 같은 상황이라서 공감할 수밖에 없었다.

  남편은 직장이 학교가 아니었기 때문에 방학이 없었고 주말이나 공휴일, 휴가 때만 함께 지냈다. 그러다가 부부가 비슷한 시기에 퇴직한 후, 매일 같은 공간에서 얼굴을 마주 보며 생활하게 되니 눈에 거슬리는 부분들이 하나둘 보이기 시작했다.

  남편은 직장 다니느라 얽매였던 것들을 내려놓고 맘껏 자유를 누리고 싶어 했다. 밤늦도록 영화와 스포츠 중계 등을 보았고 새벽에는 테니스를 쳤다. 낮에 잠을 자는 날들이 점점 늘어났다. 언제 어디서나 규칙적인 생활을 하는 바른생활맨이었던 내게 남편의 흐트러진 모습이 보기 싫게 다가왔다.

  다름을 인정하면 되는데 말처럼 쉽지 않았다. 퇴직 후 날마다 삼시세끼를 집에서 챙기는 일도, 많은 시간을 집안일과 식사 준비에만 매달려야 한다는 것도 마음에 들지 않았다.

  은퇴 후 어수선하고 뒤죽박죽된 부부의 생활 방식을 새롭게 정비하고 싶었다. 퇴직 후 생활이 완전히 달라졌기 때문에 새로운 규칙을 정해야지 안정되고 서로가 편안한 생활을 할 수 있을 것 같았다. 은퇴 후 부부가 서로에 대해 배려하고 서로를 구속하지 않으며 각자의 생활을 존중하자는 의미이기도 했다.

밤 12시 이후에는 영화나 TV 안 보기, 아침은 간단하게 하기, 설거지와 청소는 남편이 도맡아 하기, 힘들 때는 집밥이 아닌 외식하기, 약속이 있을 때는 각자 알아서 먹기 등을 제안했다. 그도 좋다고 동의해서 가사에 대한 부담을 덜어 조금은 마음이 편해졌다.

3월에 전주로 이사한 후에 남편은 전기기사 자격증 시험을 준비했다. 집에서 공부하니 여러 가지로 신경이 쓰여 일상생활에 제약이 많았다. 시설에 가서 준비하면 좋겠다고 솔직하게 말했다. 남편이 의견을 받아들였고 몇 개월 동안 스터디카페에서 수험생처럼 열심히 공부하더니 운 좋게 바로 자격증을 땄다.

그런 다음 우리 부부는 자유롭고 홀가분하게 가고 싶은 곳을 여행 다니기로 했다. 내가 병이 나서 퇴직했기에 몸에 무리가 가는 해외여행은 당분간 보류하기로 했다.

평생 열심히 직장생활을 한 배우자에게 서로 상을 주는 의미로 5월에 15일간 제주도 여행을 다녀왔다. 차를 가지고 부부만 갔더니 다른 사람들과 일정을 조율할 필요도 없었고 시간에 쫓기듯이 따라다니지 않아도 되었다. 오붓하게 여유를 가지고 즐길 수 있어서 정말 좋았다. 이것이 진정한 쉼이요 휴식임을 체험으로 알게 되었다.

여름이 끝나갈 무렵 강원도 양양, 속초, 강릉, 삼척 등을 6일 동안 여행했다. 퇴직한 친구 부부들과 함께 간 여행이라서 즐겁고 편안했다.

일주일에 한 번쯤은 평일에 가깝든 멀든 어디론가 떠났다. 한적한 바닷가를 가기도 했고, 경북 봉화, 안면도, 지리산 노고단, 강천산, 선운사, 화암사, 부여 등에도 갔다. 가까운 모악산, 금산사, 완산칠봉과 삼천천 등은 제법 자주 다녔다. 직장을 다닐 때는 평일에는 꿈도 꾸지 못했던 여행을 자주 하며 호사를 누렸다.

그 해 1년 동안은 우리 부부에게 온전한 쉼표였다. 틈틈이 시간이 나면 수류산방에 가서 자연과 가까이에서 전원생활을 즐기며 여유를 누렸다. 집이 아닌 편안하게 갈 곳이 있다는 것, 자유롭게 마음 갈 때 머물 곳이 있다는 것이 우리의 일상을 더 풍성하게 해 주었다. 이 또한 은퇴한 우리 부부의 삶에 큰 활력소가 되어 주었다.

이런 휴식이 얼마나 꿀맛같이 달콤한지 새삼 느꼈고 그 순간들을 편안히 즐길 수가 있었다. 예전에는 다른 사람들을 먼저 배려하고 주어진 역할에 충실했다면 퇴직 후에는 나의 감정을 솔직하게 표현했고 내 마음을 먼저 헤아려주려고 노력했다.

은퇴 후 각자의 세계를 만들어 가고 있지만 함께하는 활동도 있다. 용머리 성당에서 2022년부터 레지오 활동을 했고, 레지오별 장기자랑을 하는 '연총'에서 우리 레지오가 난타를 공연했다. 11월부터 매일 난타를 연습하는 과정에서 단원들이 서로 챙겨주면서 따뜻한 형제애를 맛보았으며 12월에 즐겁고 신명 나는 난타를 공연했다. 2023년에도 매주 난타를 연습하여 성탄에 또다시 난타 공연을 멋지게 해냈다.

부부가 난타를 통해 함께 웃고 공감하며 스트레스를 날려 보냈으며 진정 즐기는 자가 되고자 노력했다. '함께'였기 때문에 가능했던 일이다. 2024년에도 단원들이 모두 함께 난타를 연습하고 공연할 생각을 하면 마음이 설렌다.

퇴직 후 1년을 쉬고 났더니 활동적인 남편은 일을 하고 싶어 했다. 긴 세월 동안 그가 성실하게 직장생활을 한 후 정년퇴직을 했기 때문에 다시 직장을 다니라고 잔소리하거나 강요하지는 않았다. 하지만 워낙 활동적인 성격이고 국민연금이 나오지 않는 상황이라서 가장으로 책임감을 느꼈는지 취업하겠다고 했다.

그때 마침 김제시에서 캠핑장 관리 직원을 뽑는다고 하여 서류를 냈고, 2023년 1월 초부터 근무하기 시작했다. 남편은 자연 속에서 적당히 활동하면서 수입도 있고 사람들과 소통하는 그 일이 자신과 잘 맞는다고 좋아했다. 일하기 전보다 훨씬 생기가 있고 표정도 밝아졌다.

퇴직 후 1년 동안 부부가 함께 생활하다가 갑자기 혼자 있게 되니 일상이 무료해지기 시작했다. 1년 동안 인생의 쉼표를 찍었으니 이제 하고 싶은 일을 해야겠다는 생각이 들었다.

35년 동안 직장생활을 했으니 더 이상 경제적인 활동은 하고 싶지 않았다. 게다가 대상포진을 두 번이나 앓아 체력도 떨어지고 면역력도 좋지 않아 더 이상 몸을 혹사하는 일을 하고 싶지 않았다. 또 어떤 조직에 다시 몸담는 것도 싫었다. 이제는 느긋하게 여유롭게 살고 싶었다.

무엇보다 내가 좋아하는 일을 하며 살고 싶었다. 결혼한 다음에는 퇴근 후에도 언제나 가족이 먼저였고 아이들을 챙기다 보면 내 시간을 가질 여유가 없었다. 이제는 아이들도 모두 품을 떠나 직장을 다니고 있으니 진정 내 삶을 나로 채우고 싶었다.

마침 우리 성당 교우이고 퇴직하신 신재철 교장 선생님께서 복지관에서 수채화를 가르치신다고 하여 3월부터 다니게 되었다. 수채화에 대해 제대로 배운 적이 없었으나 새롭게 색을 만들고 색을 입히는 과정이 남다르게 느껴지며 나에게 충만함을 가져다주었다.

 총무를 맡아 어르신들을 도와주며 관계를 맺어가니 그 또한 새로운 소속감을 느끼고 삶의 활력소가 되어주었다. 수채화를 시작한 지 1년도 안 되어 단체 전시회를 했고 2024년 가을에는 복지관과 문화센터 두 곳에서 전시를 준비하고 있으니 얼마나 즐겁고 뿌듯한지 모른다.

 그리고 또 한 가지, 글쓰기를 하고 싶었다. 마침 함께 근무했던 동료 선생님이 작가님과 '글쓰기'를 할 건데 함께 하자고 했다. 조금도 망설임 없이 좋다고 한 후, 2023년 4월부터 수업을 시작했다.

 글을 쓰면서 이제껏 살아온 나의 삶을 정리해 보는 느낌이었고 열심히 살아온 나 자신에게 위로의 박수를 보내는 마음도 들었다. 작가님이 설명하는 것을 하나라도 놓치지 않으려고 눈을 반짝이며 듣고 있을 때는 마치 학창 시절로 돌아간 듯했다.

 글쓰기와의 끈을 계속 이어가기 위해 2024년 9월부터는 〈신아문예대학〉의 문을 두드려서 또 다른 도전을 시작하고 있다. 글쓰기는 현재 소중한 일상이 되었고 마음의 평화를 가져다주고 있다.

반려견 희망이와 함께 지내는 일상도 빼놓을 수 없다. 희망이와의 시간은 나에게 또 다른 기쁨을 주고 있다. 희망이를 산책시키기 위해 매일 산책을 하며 건강이 좋아졌고 희망이 덕분에 날마다 작은 미소가 얼굴에 번진다.

남편도 홀로 자신을 챙기는 일이 있다. 40년 가까이 했던 테니스를 지금도 새벽마다 열심히 하고 있고 그곳 사람들과 잘 어울려 지내고 있다. 젊었을 때는 테니스 치는 일로 부부가 다투기도 했으나 지금은 건강을 스스로 챙기고 활력이 넘쳐서 오히려 고마운 생각이 든다. 그는 2024년에 다시 '전기공사기사' 시험을 준비하여 당당하게 합격했다.

내게 일정이 있으면 남편 혼자 시골집에 가서 그곳의 강아지와 산책도 하고 텃밭과 화단을 가꾸고 있다. 또 자신이 좋아하는 목공을 다시 하려고 준비하고 있다.

은퇴 후에 부부가 처음에는 적응하느라 삐거덕거리기도 했지만, 지금은 서로의 영역을 인정해 주며 평화롭고 즐겁게 지내고 있다. 남편은 내가 새롭게 시작한 수채화나 글쓰기에 많은 관심을 기울이고 아낌없이 응원해 주고 있다.

은퇴 후 이렇게 활기차고 즐겁게 사는 자신이 고맙고 행복하다. 내가 하고 싶은 일을 하며 살아가는 요즈음, 배우는 기쁨과 삶의 충만함으로 가득 차 있다. 주변 지인들이 표정이 밝아졌다고 말한다. 은퇴 후에 마음의 부자가 되어 정신적으로 풍요로움을 맛보고 있기 때문일 것이다.

앞으로도 가끔 인생의 쉼표를 찍어가면서 세 번째 무대를 날마다 멋지고 알차게 채워가고 싶다.

| 발문 |

한 사람의 이야기

천세진 시인

한 사람의 이야기를 읽었고, 한 사람을 조금 이해하게 되었다. 아직 그이가 할 이야기가 많이 남아있을 것이니, 어떤 이해도 조금일 수밖에 없다.

타인의 삶에 대해, 타자에 대해 깊이 이해하고 있디는 생각은 피해야 한다. 그런 생각은 타인의 삶, 때로는 우리가 몸담은 세계까지 망가뜨린다.

이야기를 한 이는 35년을 교사로 지냈다. 그 일도 만만치 않았을 텐데, 몸이 불편한 아이들과 함께 지낸 35년이었다. 그런 이력이 그이가 만들었을 내밀의 성격을 가늠하게 한다.

시간도 성격을 갖고 있고, 그 성격이 한 사람을 만든다. 예비하고 맞은 시간이었든 그러지 않고 맞은 시간이었든 한 사람을 만든다. 성격을 갖는 것에 그치지 않는다. 성격은 다른 선택으로 드러나기 때문이다.

  긴 시간을 살아가며 선택한 많은 일들은 하나의 세계를 이룬다. 다른 일들이 이루는 세계와 닮은 점도 있고 닮지 않은 점도 있다. 그 세계를 생의 터로 삼은 사람은 다른 이가 이해할 수 있는 것과 이해하지 못하는 것을 함께 갖는다.

  최경숙 작가는 『달무리와 그림자』를 통해 그 두 가지 모습을 보여주었고, 생의 풍경을 보여주었다. 우리가 다른 이의 삶을 보며 친숙함과 생경의 두 가지 감정을 느끼는 것은 그 때문이다. 친숙과 생경 중 어느 쪽에 무게를 두어야 한다는 말은 필요 없다. 같은 무게로 받아들여야 한다.

  다른 일들이 존재하기 때문에 세상을 만든다. 어떤 일을 어떻게 감당했느냐는 그런 이유에서 미시의 시간이기도 하고 거시의 시간이기도 하다.

  최경숙 작가의 이야기를 읽다가 느낀 것은, 35년 동안 해낸 사회적 역할을 도구나 수단으로 생각하지 않았다는 점이다. 『달무리와 그림자』에 한결같이 보이는 것은 사랑이다. 도구나 수단으로 생각하면 사랑을 담기 어렵다.

  35년은 지난 시간이 되었다. 그러나 지나간 시간을 과거라고 부르면 안 된다. 지나간 시간은 광물이 되어 채굴을 기다린다. 글 쓰는 일은 자신의 시간을 채굴하는 일이다. 어떤 광물이 나올지는 쓰는 이에게 달려있고, 지나간 시간을 얼마나 깊이 이해하고 사랑하는지에 달려있다.

어떤 일이든 시간과 기술의 함수가 성립된다. 처음에는 아무리 시간을 들여도 기술이 드러나지 않는다. 들인 시간과 기술이 균형을 이루는 때가 오고, 나중에는 적은 시간으로도 기술이 빛나는 때가 온다.

문학은 어떨까. 문학은 아무리 시간을 들여도 빛나는 때가 쉽게 오지 않는 일인 듯하다. 문학은 기술이 아니어서다. 삶이 그런 것처럼, 지난하고 고되다. 최경숙 작가는 지난하고 고된 일을 감당하겠다고 하셨다. 오로지 자신이 축적하여 단단해진 광물을 찾아내는 일에 진력하시라고 말씀드렸다. 그것 말고 무엇이 더 있을까.

달무리는 전조를 품고 있다. 달무리가 전조前兆라면, 그림자는 후조後兆라고 불러야 할까. 아직 말해지지 않은 것은 언제나 전조겠지만, 아직 오지 않은 긴 생의 그림자가 미리 읽힐 수도 있다. 생을 잘 살아낸 이들은 그렇다. 앞으로의 생도 잘 살아내리라는 믿음이 단단한 돌로 길을 만들고 있다. 그러니 후조後兆라고 불러야 할밖에.

『달무리와 그림자』에 대해 이야기를 나누다가 글에 자랑이 섞여 있는 것은 아닌가 하고 걱정을 토로하셨다. 작은 것을 큰 것이라고 말하는 것은 자랑이다. 최경숙 작가는 그러시지 않았다. 자랑을 걱정하는 것은 예의를 아는 이들의 심성에서 나온다.

『달무리와 그림자』를 읽는 중에 전주도서관 출판 제작 지원 공모사업에 선정되었다는 소식을 들었다. 최경숙 작가의 사적 이야기가 공공의 자리에서 발견되게 되었다. 그렇다고 이야기의 틀을 바꾸어야 하는 일은 아니다.

그동안 개인의 역사는 충분히 무시되어왔다. 어떤 시각으로 보든, 자신이 쌓아온 시간 속 일들의 기억이다. 자신의 기억이 문자를 통해 다른 이를 만나기도 하겠지만 결국은 집안으로 들어서고, 가족들의 기억 속으로, 자신의 기억 속으로 다시 돌아온다.

멀리에서 기억한다 해도 얼마나 오래 지속되고, 내 육신의 일인 듯 얼마나 깊이 이해하고 기억해주겠는가. 자신이 최선을 다해 산 삶을 자신이 기록하는 일에 대해서 자랑이라고 조심하는 것은, 조금은 덜어놓아도 되는 겸손이다.

책 하나를 묶는 것은 만만치 않은 일이다. 아무리 공을 들여도 빛나지 않을 가능성이 더 큰 일을 감당한 것이기 때문이다. 최경숙 작가는 늦게 시작한 그 일에 온 힘을 쏟았다. 『달무리와 그림자』는 그렇게 탄생했다.

  수필은 진실을 다루는 것이 큰 몫이 아니다. 진실을 다루어야 하는 글은 따로 있다. 수필은 진실보다는 진심을 담아야 하는 장르다. 『달무리와 그림자』에서 진심이 담긴 이야기를 만나실 수 있을 것이다.

최경숙 수필집

달무리와 그림자

인쇄 2024년 11월 07일
발행 2024년 11월 10일

지은이 최경숙
발행인 서정환
펴낸곳 문예연구
주소 전북특별자치도 전주시 완산구 공북1길 16
전화 (063) 275-4000
팩스 (063) 274-3131
이메일 munye321@hanmail.net sina321@hanmail.net
출판등록 제2023-000024호
인쇄·제본 신아문예사

저작권자 ⓒ 2024, 최경숙
이 책의 저작권은 저자에게 있습니다. 서면에 의한 저자의 허락 없이 내용의 일부를 인용하거나 발췌하는 것을 금합니다.
COPYRIGHT ⓒ 2024, by Choi Kyungsook
All right reserved including the rights of reproduction in whole or in part in any form.

저자와 협의, 인지는 생략합니다.
잘못된 책은 바꿔 드립니다.

ISBN 979-11-983239-8-9 (03810)
값 15,000원

Printed in KOREA

이 도서는 2024년 전주도서관 출판 제작 지원 사업 선정작입니다.